Matthias Blazek

Von der Landdrostey zur Bezirksregierung

Die Geschichte der Bezirksregierung Hannover
im Spiegel der Verwaltungsreformen

Eine Chronik schreibt nur derjenige,
dem die Gegenwart wichtig ist.

Johann Wolfgang von Goethe (1749-1832)
Wegner 1967, S. 390

Matthias Blazek

VON DER LANDDROSTEY ZUR BEZIRKSREGIERUNG

Die Geschichte der Bezirksregierung Hannover
im Spiegel der Verwaltungsreformen

ibidem-Verlag
Stuttgart

Bibliografische Information der Deutschen Nationalbibliothek
Die Deutsche Nationalbibliothek verzeichnet diese Publikation in der Deutschen Nationalbibliografie; detaillierte bibliografische Daten sind im Internet über http://dnb.d-nb.de abrufbar.

Bibliographic information published by the Deutsche Nationalbibliothek
Die Deutsche Nationalbibliothek lists this publication in the Deutsche Nationalbibliografie; detailed bibliographic data are available in the Internet at http://dnb.d-nb.de.

Lektorat: Dr. Denis Herold, Nordhorn

Bildbearbeitung und Satz: Matthias Blazek

Umschlaggestaltung: Josefine Rudolf

Abbildungen auf dem Umschlag:
Vorne: Das Gebäude der Bezirksregierung Hannover am Waterlooplatz im Jahre 2004.
Hinten (von oben nach unten): Die Archivstraße mit Reformierter Kirche auf einer Postkarte von 1905; vorne links der Bereich der Landdrostei Hannover.
Direktion des Gewerbevereins für das Königreich Hannover, 1846.
Lage der Landdrostei Hannover, aus: *Provinz Hannover, Großherzogtum Oldenburg, Herzogtum Braunschweig und Freie Stadt Bremen*, Otto Herkt, 1905. Repros (3): Blazek.
Archivstraße 2/Am Archive 3 in Hannover, von 1885 bis 1968 Sitz des Regierungspräsidenten.
Foto (2014): Blazek

2., erweiterte und überarbeitete Auflage

∞

Gedruckt auf alterungsbeständigem, säurefreiem Papier
Printed on acid-free paper

ISBN-13: 978-3-89821-357-8

© *ibidem*-Verlag
Stuttgart 2014

Printed in Germany

Geleitwort

Die Bezirksregierung Hannover war die landesunmittelbare Mittelbehörde in einem dreistufigen Behördenaufbau zwischen der obersten Behörde und der Unterbehörde. Sie und die drei anderen Bezirksregierungen Braunschweig, Lüneburg, Weser-Ems sind in einer Verwaltungsstrukturreform im Dezember 2004 aufgelöst worden. In dieser überarbeiteten Veröffentlichung „Die Geschichte der Bezirksregierung Hannover im Spiegel der Verwaltungsreformen" beschreibt der Autor Matthias Blazek die Veränderungen der Mittelbehörde Bezirksregierung Hannover von ihrer Gründung als Landdrostei bis zu Abschaffung der Bezirksregierungen und der Verteilung der Aufgaben auf die Ministerien.

Im Allgemeinen sind dem normal gebildeten Bürger nur Geschichtsdaten, wie beispielsweise die Übernahme Hannovers durch Preußen, die Eingliederung in das Reich oder die Kapitulation Deutschlands, bekannt. Oft ist es nicht bewusst, dass vor und während territorialer und politischer Umwandlungen durch die Bezirksregierung 200 Jahre Verwaltungsaufgaben durchgeführt wurden. Es war die Verwaltung der königlichen Gärten, der Straßen und Wasserleitungen erforderlich. Es gab, ähnlich wie in der Gegenwart, statistische Erhebungen (z. B. Wohnungen/Einwohner im Jahre 1823).

Der Verfasser bindet Originaldokumente mit den damals üblichen sprachlichen Eigenheiten in den Kontext seines Buches ein. Der Leser fühlt sich dadurch direkt in die Vergangenheit versetzt. Diese Texte vermitteln plastisch den Eindruck, dass sich der gegenwärtige Verwaltungsapparat ähnlich wie der historische verhält. Es werden z. B. Finanzmittel, die zum Putzen der Fenster bestimmt waren, zum Bezahlen der Bürokosten umgewidmet. Aufgaben werden nicht umgesetzt. Beispielsweise sollte durch Umgestalten von Mittelinstanzen eine effektivere Kontrolle der Ämter erreicht werden, da durch territorialen Zuwachs Reformen nötig waren. Diese Anforderungen blieben etwa zwei Jahre unbearbeitet liegen, bis sie aufgrund eines Vortrages vom Grafen von Münster in Angriff genommen wurden. In dem Vortrag führte er zum Vergleich ein Fernglas an (s. dort).

Die Datenerhebungen und die Einlagerung von Akten erforderte viel Platz. Diese Vermehrung von Papier war damals ähnlich wie heute sehr groß. Es wurden Akten aus Platzgründen verkauft und eingestampft.

Die Behörde scheint sich viel mit sich selbst zu beschäftigen. Das geflügelte Wort: „Nichts ist so beständig wie der Wandel" (Heraklit von Ephesus, etwa 540-480 v. Chr.) passt auf die ständigen Anpassungen und Veränderungen der Verwaltung. Hier ein kurzer Abriss:

Die Bezirksregierungen wurden 1822/23 als Mittelbehörden mit bestimmten Aufgabenbereichen und Zuständigkeiten zwischen dem Staats- und Kabinettsministerium und den Ämtern und Stadtobrigkeiten anstelle der Provinzialregierungen gegründet. Das Königreich Hannover war in Landdrosteien unterteilt. Deren Größenunterschiede und die räumliche Gliederung der Verwaltungsbezirke waren historisch begründet. Die Agrarverwaltung kam 1833 zur Landdrostei, weil sie als Sonderbehörde nach preußischem Muster gescheitert war. Bereits 1868 gab es Bestrebungen die Landdrosteien zu einer Behörde zusammenzufassen. Die Umwandlung der Landdrosteien in Bezirksregierungen erfolgt 1879/80. Im Jahr 1946 erfolgte die Gründung des Landes Niedersachsen mit Hannover als Hauptstadt, 1947 wurde der Staat Preußen formal aufgelöst. Die Sonderbehörde Forstverwaltung wurde 1946 eingegliedert. 1978 erfolgte die Reduzierung auf vier Regierungsbezirke.

Der Raumbedarf der Verwaltung wächst mit den Aufgaben im Lauf der Zeit. Der Leser erfährt die Lage der Verwaltungsstandorte in Hannover, wie die Calenbergerstraße, Archivstraße etc., und wie diese Gebäude aktuell von Verwaltungen und anderen Institutionen weiter genutzt werden. Anfangs sind es Einzelwohngebäude, dann folgen Neubauten von Ministeriumsgebäuden ab dem Jahre 1836. Das Regierungsdienstgebäude wurde im Zweiten Weltkrieg bis auf den Westflügel „Am Archive" zerstört. An dieser Straße ist heute das Niedersächsische Umweltministerium untergebracht. Später erfolgt ein Neubau „Am Waterlooplatz 11". Dieser Neubau ist heute Behördenhaus für mehrere Institutionen. Das Dachenhausenpalais an der Calenberger Str. 34 war 1814 Wohn- und Amtssitz der Gerichtsschulzen und Bürgermeister der Calenberger Neustadt; danach war es Sitz des Amtes für Bau- und Kunstpflege der hannoverschen Landeskirche. Das Palais erhielt seinen Namen nach dem Landdrosts Friedrich Wilhelm von Dachenhausen. Seit 1968 nutzten Einrichtungen des Friederikenstifts das Gebäude.

Der Verfasser stellt in seiner Veröffentlichung Persönlichkeiten, die an der Gestaltung der Behörde beteiligt waren, namentlich vor. Dadurch wird dem Leser der verwaltungsgeschichtliche Bezug von Straßennamen, wie die Erich-Panitz-Straße in Laatzen, der Thea-Bähnisch-Weg in Hannover-Bothfeld, die Dachenhausenstraße in der Calenberger Neustadt und die Philipsbornstraße in Hannover-Vahrenwald, nahe gebracht.

Zusammengefasst zeigt die Veröffentlichung eine interessante Seite der hannoverschen/niedersächsischen Verwaltungsgeschichte am Beispiel der Veränderung und Anpassung einer Behörde an sich verändernde Realitäten. Die Darstellung ihrer Arbeitsweisen weist Parallelen zur Gegenwart auf. Der Leser erhält einen Einblick in die lokale Geschichte sowie in die Vergangenheit der heute noch vorhandenen Verwaltungsgebäude.

Hannover, im Juli 2014

Dr. Matthias Froeck

Gliederung

Von der Landdrostey ...

Im Bereich der niedersächsischen Landesverwaltung war es die Mittelbehörde, die für die meisten Menschen zum Greifen zu fern ist. Die Bezirksregierung Hannover, hervorgegangen aus der „Landdrostey zu Hannover", konnte am Ende auf fast 200 Jahre interessante und bewegte Verwaltungsgeschichte zurückblicken. In Hochachtung und mit der nötigen Distanz hat es sich der Verfasser zur Aufgabe gemacht, die Geschichte dieser Behörde aufzuarbeiten und dabei auf – teils ungenutztes – Archivmaterial des Niedersächsischen Hauptstaatsarchivs in Hannover zurückzugreifen und in Form einer Monographie zu präsentieren. Dabei hat er es sich aber auch zur Aufgabe gemacht, eben diese Behördengeschichte behutsam in die Geschichte des Landes Niedersachsen und seiner Landeshauptstadt einzufügen. Am Ende wird sich zeigen, dass die Geschichte der Mittelbehörde hannoversche Geschichte ist.

Hier wurde in der Tat Neuland betreten, und es hat sich als problematisch erwiesen, dass zahlreiche Akten aus Zeiten der Landdrostei während der Luftangriffe auf Hannover im Oktober 1943 verloren gegangen sind. Der Autor des Vorliegenden, selbst „Hannoveraner" (wenn man das bei einer Verweildauer von 18 Jahren behaupten darf), betont, dass er hier die Möglichkeit ergriffen hat, „sein Hobby zum Beruf zu machen".

Bewusst hat er sich im Übrigen dafür entschieden, einen Schwerpunkt auf die Gründung der Bezirksregierung Hannover zu legen, da gerade dieser Abschnitt in der Literatur weitgehend vernachlässigt worden ist und an einigen Stellen der orthographischen Richtigstellung bedurfte. Die Titel verschiedener Beamter des 19. Jahrhunderts und die Angaben über die Bildung des Landes Niedersachsen 1946 weichen von der zugrunde gelegten Literatur geringfügig ab.

Das vorliegende Buch erschien erstmals im Jahre 2004 und wird hiermit in einer überarbeiteten und erweiterten Fassung vorgelegt, in der vor allem Lebensbeschreibungen vereinzelter Landdroste berücksichtigt werden sollen.

Der vom Verfasser ausgesprochene Dank an Dr. Hans-Jürgen Ihnen, die Mitarbeiter des Niedersächsischen Landesarchivs -Hauptstaatsarchivs Hannover-, Werner Heine vom Stadtarchiv Hannover, Prof. Dr. Hans-Georg Reuter, die Dezernentin Cornelia Zügge von der Pressestelle der damaligen Bezirksregierung Hannover und Anna Kausche für die hilfreiche Begleitung der vorliegenden Arbeit, gilt unverändert.

Auf zwei Aktenbestände des Hauptstaatsarchivs wurde im Schwerpunkt zurückgegriffen: Hann. 80 – Landdrosteien (bis 1885), Hann. 180 – Regierungsbezirke (ab 1885).

Behörde der Mittelstufe

Die allgemeine Verwaltung in Niedersachsen baut auf den Gemeinden, kreisfreien Städten und Landkreisen auf. Von den Behörden der Mittelstufe der Verwaltung sind vor allem die vier bis 2004 bestehenden Bezirksregierungen Braunschweig, Hannover, Lüneburg und Weser-Ems zu nennen, die so genannte Mittelbehörden waren. Die Bezirksregierungen nahmen für ihren Bezirk die mittelinstanzlichen Aufgaben der allgemeinen Landesverwaltung zusammenfassend wahr und sorgten für einen einheitlichen Verwaltungsvollzug. Die niedersächsischen Bezirksregierungen hatten im Ländervergleich den größten Aufgabenbestand. Sie stehen im Unterschied zu anderen Mittelbehörden allen obersten Landesbehörden für deren Aufgabenerledigung zur Verfügung und hatten deshalb einen grundsätzlich alle Zweige der Landesverwaltung umfassenden Aufgabenbereich. Die Bezirksregierungen unterstanden der Dienstaufsicht des Ministers des Innern und der Fachaufsicht der jeweils sachlich zuständigen Minister.

Der Leiter der Bezirksregierung, der Regierungspräsident oder die Regierungspräsidentin, war der allgemeine Vertreter der Landesregierung im Regierungsbezirk. Der flächenmäßig kleinste Regierungsbezirk ist Braunschweig (8097 Quadratkilometer), der größte Lüneburg (15 344 Quadratkilometer, das heißt, fast so groß wie das Land Schleswig-Holstein). Der einwohnerschwächste Regierungsbezirk ist Lüneburg (1,47 Millionen), der einwohnerstärkste Weser-Ems (2,12 Millionen).[1]

Der Regierungsbezirk Hannover umfasste das Gebiet der sieben Landkreise Diepholz, Nienburg, Schaumburg, Hameln-Pyrmont, Region Hannover, Hildesheim und Holzminden und der kreisfreien Stadt Hannover, die als Landeshauptstadt mit 515241 Einwohnern (30. Juni 1999) zugleich größte Stadt des Landes Niedersachsen ist.[2] Von den insgesamt 222 Gemeinden waren 160 Mitgliedsgemeinden. Der Regierungsbezirk Hannover hatte im September des Jahres 2004 insgesamt 2 167 343 Einwohner bei einer Fläche von 9 046 Quadratkilometern, was eine Bevölkerungsdichte von 238 Einwohnern je Quadratkilometer bedeutet (31.12.1999).[3]

Heiko Faber stellte 1985 fest: „In der Gegenwart hat die Bezirksregierung vor allem die Aufgabe, an der Herstellung des allgemeinen Verwaltungskonsenses mitzuwirken."[4]

Regierungsgebäude in unmittelbarer Nachbarschaft der Ministerien

Die Geschichte des Regierungsdienstgebäudes am Leibnizufer geht auf das Jahr 1813 zurück, als die oberste Landesbehörde in das ehemals dem Oberstallmeister Christian Harling gehörende Haus am Neustädter Steinwege/Calenberger Straße 29 verlegt wurde. Dieses Gebäude – um 1800 von der kurfürstlichen Regierung zur Unterbringung der Lehranstalt „Georgianum" erworben – erwies sich bald als zu klein.[5]

---

[1] DRONSCH (1988), S. 47 (dort auch die Aussage: „Dass Bezirksregierungen in einem großen Flächenstaat wie Niedersachsen notwendig sind, ist heute nicht mehr politisch bestritten."); OHEIMB (1980), S. 31.
[2] Zuletzt war auch Hameln kreisfreie Stadt.
[3] Angaben aus: STATISTISCHES TASCHENBUCH NIEDERSACHSEN (2000). Zum Vergleich: Gemeinden (1.7.1967): 689, Fläche in km² (1.7.1967): 6566,53, (6.6.1961): 1453161, Einwohner (1.7.1967): 1521148, (30.6.1968): 1520915, Einwohner je km² (1961): 221,3, (1968): 231,6. [Angaben aus: KLEIN (1969), S. 150].
[4] FABER (1985), S. 989. Prof. Dr. Heiko Faber war Lehrstuhlinhaber für öffentliches Recht, insbesondere Verwaltungsrecht, an der Universität Hannover.
[5] REGIERUNGSPRÄSIDENT HANNOVER (1968), S. 4.

Ab 1820 wurden daher nach und nach die westwärts davon und rückwärts bis an die Straße „Am Archive" gelegenen privaten Wohngrundstücke von der Staatsregierung erworben. So das herrschaftliche Haus (der Osnabrücker Hof) auf der Ecke zwischen Calenberger und Archivstraße, das zuletzt der Direktor des Königlich-Kurfürstlichen Georgianums, Hofrat Johann Georg Heinrich Feder, bewohnt hatte, für die Wegebaukommission; die beiden daran anstoßenden Nachbarhäuser an der Archivstraße für die Königliche Großbritannisch-Hannoversche Landdrostei und das zurückliegende, um 1730 erbaute, ehemals Patjesche Wohnhaus, für das Finanzministerium.

„Es soll dafür gesorgt werden daß so wenig als möglich dadurch Störung in den Geschäften veranlaßt wird."

1827 kam das Wappen. NLA-HStA Hannover Hann. 80 I A Nr. 20

Im August 1827 wurde das Landdrosteigebäude bewappnet. Das Königliche Oberhofbau-Departement zu Hannover hatte der Landdrostei in seiner Ankündigung vom 31. Juli 1827 vorsorglich mitgeteilt: „Es soll dafür gesorgt werden daß so wenig als möglich dadurch Störung in den Geschäften veranlaßt wird."[6]

Mit Schreiben vom 28. April 1831 wandte sich die Landdrostei an das Königliche Oberhofbau- und Garten-Departement. Die Räume bekamen zu wenig Licht:

„In Unserm späteren Canzlei-Zimmer, welches sich in dem niedrigeren Nebengebäude befindet, gegen die beiden auf der Straßenseite befindlichen Fenster für die in diesem Zimmer aufgestellten 5 Schreibtische, besonders im Winter bei dunkelerem Wetter, nicht hinreichendes Licht. Diesem Übelstande kann leicht und mit geringen Kosten dadurch abgeholfen werden, daß in der entgegengesetzten Wand nach dem Hofe zu, noch ein neues Fenster angelegt wird. Das

---

[6] NLA-HStA Hannover Hann. 80 I A Nr. 20.

11

Kngl. Ober-Hof-Bau- und Garten-Departement ersuchen wir deshalb ergebenst, diese kleine Bau-Veränderung baldgeneigtest bewerkstelligen zu lassen. "

Das Königliche Oberhofbau- und Garten-Departement wurde zum 1. November 1831 aufgelöst. Die bis dahin unter ihrer Aufsicht gestandenen öffentlichen Gebäude und Bauwerke wurden, soweit sie nicht zu den Königlichen Schlössern und Gärten gehörten, der Königlichen Domänenkammer überwiesen. Diese erließ am 28. November 1831 ein Reskript nebst Baureglement, wonach die Verzeichnisse der jährlich vorkommenden Reparaturen an den herrschaftlichen Häusern „nicht später als am Ende Octobers" dem betreffenden Baubedienten zugestellt werden sollten. Gleichzeitig übertrug sie dem Hofbaurat Christian Ludewig Witting die erforderlichen Arbeiten im Landdrosteigebäude und an dem „Gefangenhaus" am Clevertor.

Die Königliche Domänenkammer verlangte eine klare Trennung der Zuständigkeiten für die Gebäude auf dem Gebiete der Residenzstadt. Am 9. Januar 1832 wurde dem Baubeamten Witting durch das Baudepartement (Abteilung der Königlichen Domänenkammer) mitgeteilt:

„ Wir haben durch den Bericht vom 30sten v. M. und J. und dessen Anlagen eine nähere Nachweisung darüber aufstellen können:

1^{stens} welche Strecken an Steinpflaster;
2^{tens} welche Theile der Wasserleitung von Linden her und
3^{tens} welche Leuchten mit Gasflammen als eine Zubehörung der Uns, nach erfolgter Aufhebung des Königlichen Oberhofbau= und Garten=Departements, in und vor hiesiger Residenz=Stadt überwiesenen Gebäude und Bauwerke zu betrachten sein würden und wenn das Original=Document der Vereinbarung mit dem hiesigen Magistrate vom 26sten August 1825 wegen des Steinpflasters pp und vom 2ten Aug. 1825 wegen der Wasserleitung mit dem Ministerial=Rescripte vom 16ten März 1825 wegen des Steinpflasters welchem Rescripte eine Abschrift des von dem Hofbaurathe unterm 28sten November 1824 aufgenommenen Verzeichnisses, nicht aber das Protocoll vom 9ten Januar 1822 beigefügt befunden worden, ad acta behalten ist; so lassen Wir jedoch eine Copei davon zur Official=Registratur des Hofbauraths hieneben erfolgen.

Ad 1. zu dem Uns überwiesenen Steinpflaster ist zu rechnen:

<u>Innerhalb der Stadt.</u>

a)   das Trottoir vor dem Ministerial=Gebäude bis zur Ecke des vormaligen Federschen Hauses mit dem Straßen=Pflaster vor ersterem in so weit dieses von der Axe der neuen Straße an bis zur Axe der untern Brandstraße, zwischen beiden Gassen auf der Calenberger Straße nicht vom Magistrate unterhalten werden muß und nicht zur Auffahrt der Brücke über den Leine=Arm am Ministerial=Gebäude gehöret;

b)   in der Archiv=Straße das Trottoir vor dem vormal. Federschen Hause und den Gebäuden der Königlichen Landdrostei mit einem Canal und dem Steinpflaster bis an den Mittelrücken;

c)   das Trottoir an der östlichen Seite des Archivgebäudes mit dem Stein-

pflaster um selbiges nebst Canal, das Steinpflaster bis vor der ersten Brandstraße vorüber, (...)

Ad 2. von der Wasserleitung, hat die Domanial=Verwaltung nur zu übernehmen, die Leitung vom städtischen Bassin=Brunnen auf dem Neustädter Markte unter der Archiv=Straße hinweg bis zum Wasserpfosten auf dem vormal. Feder-schen, jetzigen Landdrostei=Hofe. Die übrigen Strecken in so weit selbige nicht dem Magistrate angehören, würden dem Königlichen Ober=Hof=Marschall= Amte und etwa auch für den betreffenden Antheil dem Königlichen General= Post=Directorio zufallen.

Ad 3. von den Leuchten mit Gasflamme sind von Uns zu übernehmen

1 vor der Münze
3 am Archiv=Gebäude
1 am Landdrostei=Gebäude
1 vor dem Justiz=Canzley=Gebäude (...)"

Aufgrund einer Eingabe der Königlichen Domänenkammer teilte das Königliche Großbritannisch-Hannoversche Finanzministerium der Landdrostei mit Schreiben vom 6. Juli 1832 mit, dass die 3 Taler 16 Gutegroschen, welche bislang aus dem Etat des Oberhofbau- und Garten-Departements für das Putzen der Fenster genommen waren, nunmehr „zur Bestreitung der Bureaukosten" zu Disposition gestellt würden.

„Rechnung für Königl. Landdrostey". NLA-HStA Hannover Hann. 80 I A Nr. 21

Was die Unterhaltung der Leuchte am Landdrosteigebäude mit Gasflamme anging, berichtete die Rentei des Amts Hannover mit Schreiben vom 24. Juli 1833, dass sie hierfür für das Jahr 1. Juli 1832/1833 12 Taler in Golde an die Continental-Gas-Compagnie gezahlt hätte, welche aus dem Administrations-Fonds der Landdrostei erstattet werden sollten.[7]

---

[7] NLA-HStA Hannover Hann. 80 I A Nr. 21 (Reglement über das Bauwesen der den Landes-behörden angehörigen Gebäude und Bauwerke, in specie: Bau-Mängel p. des Landdrostei-Gebäudes betr. Erleuchtung desselben).

Die vorwiegend aus Einzelwohngebäuden hervorgegangenen Verwaltungsgebäude entsprachen jedoch nicht den Bedürfnissen der Verwaltung. Im Jahre
1837 tauchte – vermutlich ausgelöst durch die Thronbesteigung von Ernst August – der Plan für großzügige Ministeriumsneubauten auf. Im gleichen Jahr
wurde der Neubau des Dikasteriengebäudes begonnen. Dagegen musste das sehr
reizvolle, ehemals v. Iltensche, zuletzt v. Wagenheimsche Wohnhaus, das 1836
vom Staat angekauft war, dem Neubau des Südflügels weichen, der zunächst in
Angriff genommen und 1845 vollendet wurde. Hier fanden die hannoversche
Domanial- und Forstverwaltung sowie die Generaldirektion des Wasserbaues
und ein Teil des Finanzministeriums ihre Unterkunft. Der einige Jahre später
fertig gewordene südwestliche Eckpavillon wurde dem hannoverschen Ministerium der auswärtigen Angelegenheiten übergeben. Architekt der heutigen Vier-
flügelanlage war der Gaertner-Schüler Kriegsbaurat Hermann Hunaeus. Dieser
Bau gilt als der erste in Hannover im Rundbogenstil.

Die Regierungsgebäude (Dikasteriengebäude) an Archiv- und Calenberger Straße in Hanno-
ver, abgebrochen 1874. Die Namen Regierungs-, Ministerial- oder Dikasteriengebäude be-
zeichneten in Hannover zu unterschiedlichen Zeiten eine Anzahl von Gebäuden bzw. letztend-
lich einen einzigen großen Komplex. Nach einem Aquarell von A. Albes, Ehrengabe an A.
Brüel. Die Kunstdenkmäler der Provinz Hannover, bearb. von Arnold Nöldeke, Theodor
Schulzes Buchhandlung, Hannover 1932, S. 370. Repro: Blazek

Wegen Raummangels begann man im Jahre 1846 mit der Einrichtung des vor-
mals Samsonschen, nunmehr herrschaftlichen Hauses neben dem Klosterkam-
mergebäude an der Kleinen Brandstraße, zum Geschäftslokal der Landdrostei.
Die erst spät vorgenommene Einrichtung des Registratur-Raums im ehemaligen
Pferdestall zog eine Verzögerung der Verlegung bis zum Juni 1847 nach sich.[8]

Die Fortführung des Baues des Dikasteriengebäudes geschah erst in den Jahren
1862 bis 1867 und betraf den anschließenden westlichen Flügel an der Archivstraße. Der nördliche Flügel des Regierungsgebäudes an der Calenberger Straße
wurde in den Jahren 1876 bis 1879, ebenfalls mit einer Natursteinfassade, er-
baut; ihm fiel 1874 das alte Georgianum zum Opfer.[9]

---

[8] NLA-HStA Hannover Hann. 80 I A Nr. 22. In der Akte der Hinweis, dass der Pedell H. G.
Hanekopf für die Heizung und Reinhaltung der Geschäftslokale der Landdrostei (1868 ff.) 80
Taler im Jahr erhielt.
[9] NÖLDEKE (1979), S. 372.

An
Königliches Finanz-Ministerium.

Bericht
der Domainen-Cammer
Hannover, den 17t October 1846.

Die Einrichtung des vor-
mals Samsonschen Hau-
ses zum Geschäfts-Locale
für die Königliche Land-
Drostei hieselbst, betreffend.

Königlichem Finanz-Ministerio
haben wir auf das hochgeneigte Re-
script vom 10t dieses unter ge-

hor.

15

fortgesetzten Rückgabe der Acten, zu Desselben, zu berichten, daß nach einem, vom Landbaumeister Com- perl, welcher die Einrichtung des nunmehr Samson'schen Hauses zum Geschäftslocale für die hiesige Kö- nigliche Landvogtei übertragen worden ist, eingegangenen Be- richte vom 14/16. diesen, die Vol- lendung des Ausbaues des herzoglichen Gebäudes nicht vor dem Mona- te Juni nächsten Jahres zu bewerk- stelligen sein wird, die inzwischen, daß der, zu Registratur- Räumen einzurichtende ehemalige Pferde- stall, erst jetzt hat in Angriff genommen werden können, weil der für Seine Excellenz den Herrn Minister von Stralenheim in dem Nebengebäude eingerichtete neue Pferdestall, wegen seiner wenig freien Lage, trotz der günstigen Witterung nur langsam aus- getrocknet ist, und seine Benutzung

nützung daher nicht theurer als jetzt thunlich war.

Außerdem haben sich bei dem Aufbruch der inneren Wände des Gebäudes mehrere und größere Beschädigkeiten gezeigt, als bei der Veranschlagung angenommen war, deren Wiederherstellung eine längere Zeit erfordert hat, indem, ... so ist dann auch nothwendig wird, die reparirten Theile nach dem ... der über dem Luftzug auszusetzen damit sie gehörig austrocknen können.

Von der Richtigkeit dieser Angaben, hat der Commer. Rath Oppermann sich mehrfach zu über-zeugen Gelegenheit genommen.

Ehrerbietigst geben wir daher anheim, den Termin für die Be-ziehung des Gebäudes auf Johan-nis künftigen Jahres festzustellen. Sobald der Aufbau vollendet ist, werden wir nicht ver...

Direkt

[... gehorsamst einzuberichten.]
[(unterz.) A. v. Voß.]

Bericht der Domänenkammer an das Königliche Finanzministerium vom 17. Oktober 1846.
Da erst jetzt der ehemalige Pferdestall in eine Registratur umfunktioniert werden konnte,
rechnete man mit der Vollendung des Ausbaus nicht vor Juni 1847. Den Bericht unterschrieb
der Direktor der Domänenkammer Adolph von Voß (1788-1858), Mitglied des Staatsrats im
Königreich Hannover. NLA-HStA Hannover Hann. 80 I A Nr. 22

Nach 42-jähriger Bauzeit war der jetzt noch bestehende Baublock, der von der
Calenberger Straße, Archivstraße, dem Leibnizufer und der Straße „Am Archiv"
umschlossen wird, also fertiggestellt. Entsprechend der langen Bauzeit zeigen
die Fronten des Gebäudes, dem wechselnden Zeitgeschmack folgend, verschiedene Stilformen, ohne dass dadurch der geschlossene Gesamteindruck gestört
wird.[10]

---

[10] Ausführliche Angaben über die Bausubstanz finden sich wieder in: NEß/RÜTTGERODT-
RIECHMANN/WEIß/ZEHNPFENNIG (1983), S. 89.

Der „Führer durch die Stadt und ihre Bauten" aus dem Jahre 1882 beschreibt das Verwaltungsgebäude so:[11]

Königliche Finanz-Direktion. Früher Ministerial-Gebäude, an der Leine und drei Straßen. Hausteinbau von gelblichem Osterwalder Sandstein in schöner romanischer Stildurchbildung und reicher vortrefflicher Ausführung. Klare Grundriß-Disposition, schönes Treppenhaus und gut ausgestatteter Sitzungssaal. Baukosten des neuesten nördl. Theiles 461,20 M pro qm. (Pfahlrost.)

Im Zweiten Weltkrieg wurde das Regierungsdienstgebäude durch Bombentreffer erheblich beschädigt. Im Wesentlichen unversehrt blieb nur der östliche Teil des Flügels in der Straße „Am Archiv". Der Wiederaufbau nahm infolge fehlender finanzieller Mittel die Zeit von 1945 bis 1950 in Anspruch, wobei der Leineflügel nur behelfsmäßig aufgebaut werden konnte.

Seit 1986 beherbergt das Gebäude das Niedersächsische Umweltministerium.

Die Geschichte der Bezirksregierung Hannover im Schatten der kurhannoverschen Landesgeschichte

Zu den von Preußen geschaffenen Einrichtungen, die die formelle Auflösung des Staates im Jahre 1947 überlebt haben, zählen die Bezirksregierungen. Vier Bezirksregierungen im Gebiet der ehemaligen Provinz Hannover sind 1978 aufgehoben worden. Die beiden (bis 2004) erhalten gebliebenen, die Bezirksregierungen in Lüneburg und Hannover, konnten am 1. Juli 1985 ihr 100-jähriges Jubiläum feiern; sie waren die jüngsten unter den noch bestehenden neun Bezirksregierungen des früheren Landes Preußen.

Aufgrund verschiedener Umstände, auf die noch näher einzugehen sein wird, befasst sich die Literatur nur spärlich mit der Einrichtung und dem Vorhandensein der Landdrosteien. Auch erweist sich das vorhandene Archivmaterial als allzu oberflächlich.

Offensichtlich ist dies auch ein Grund, weshalb der Begriff des Landdrostes beispielsweise in der Enzyklopädie falsch aufgearbeitet wurde. So heißt es beispielsweise in Meyers Lexikon, einem der Standardwerke unter den Lexika:

Drost (Droste, niederdt., entspricht dem hochdt. Truchseß, von mhd. truht, »Gefolge«), früher in Niedersachsen der Verwalter einer Vogtei (Drostei). – Land=D. hießen die Präsidenten der Regbez. (Landdrosteien) in Hannover 1822–66.[12]

Zwar ist hier der Bezug zu Niedersachsen hergestellt worden; der Begriff „Landdrost" hat aber die preußische Besitzübernahme um zwei Jahrzehnte überdauert. Der Begriff des Landdrostes war aber auch bereits zuvor gebräuchlich gewesen. Er entstand nicht erst mit der Bildung der Landdrosteien. Man begegnet ihm bereits im Ausklange des 16. Jahrhunderts, als der Landdrost seinen festen Platz in der Zentral- und Hofverwaltung der Fürstentümer neben dem Statthalter, dem Großvogt, dem Kanzler und den ausschließlichen Geheimen und Kammerräten hatte. Selbst Adolph Freiherr von Knigge, politischer Schriftsteller, Verwaltungsbeamter in Hessen und Bremen, der vor 250 Jahren in Breden-

---

[11] ARCHITEKTEN- UND INGENIEUR-VEREIN ZU HANNOVER (1882), S. 12.

[12] MEYER (1937).

beck am Deister das Licht der Welt erblickt hatte, wurde 1790 zum Landdrosten, Oberhauptmann und Scholarchen zu Bremen ernannt.[13]

Der Drost war früher besonders in Niedersachsen Verwalter eines Bezirks oder einer Vogtei. Als Landdrost war er Vertreter des Landesherrn und hatte Polizeigewalt.

Die Geschichte der „Landdrosteien", der späteren Bezirksregierungen, beginnt zu Beginn des 19. Jahrhunderts.[14]

Der politische Himmel über dem heutigen Niedersachsen sah damals so aus: Seit 1714 bestand die Personalunion Hannover-London. Das Haus Hannover hatte von da an bis 1837 in Großbritannien regiert. Während dieser Zeit waren die britischen Könige auch Kurfürsten (später Könige) von Hannover. Zu Beginn des 19. Jahrhunderts war (seit 1760) Georg III. von Hannover zugleich König von England.[15]

Das Kurfürstentum Hannover, seit 1807 teils zum neu geschaffenen Königreich Westfalen, teils zum französischen Kaiserreich gehörig, blickte auf zehn schwere Jahre französischer Fremdherrschaft zurück.

DÉPARTEMENT DE L'ALLER.

Ce département, qui a pour chef-lieu Hanovre, est formé d'une partie des principautés de Calenberg et de Lunebourg, savoir : du quartier de Hanovre, quelques bailliages du quartier de Lauenau, du quartier de Celle et une partie des quartiers de Lunebourg et de Gifhorn, des cantons de Sarstedt et d'Algermissen détachés du département de l'Ocker, et des cantons d'Obernkirchen, Sachsenhagen et Rodenberg détachés de l'ancien département du Weser.

Les limites de ce département sont : au nord, le grand Empire et l'Elbe; à l'est, le département de l'Elbe; au sud, ceux de l'Ocker et de la Leine; à l'ouest, celui de la Leine et la France.

L'étendue en superficie du département est de 160 ⅓ milles carrés géographiques, ou de 445 lieues carrées, ou de 3,530,747 ⅓ arpens, dont en forêts 432,710 arpens.

La population, non compris les militaires en activité, a été évaluée en décembre 1810, à 242,442 individus, dont 118,631 mâles, 123,811 femelles, 2,754 catholiques, 237,341 luthériens, 530 réformés et 1,817 israélites.

Auszug aus dem Almanach royal de Westphalie von 1813. Niedersächsisches Landesarchiv.

Die nationale Bewegung in Preußen drängte König Friedrich Wilhelm III. 1813, sich mit Zar Alexander I. zu verbünden und in der Rede „An mein Volk" zum Kampf gegen Napoleon aufzurufen. Die Wogen nationaler Begeisterung führten den Freikorps – darunter den „Lützowschen Jägern" – Scharen von Freiwilligen

---

[13] FETSCHER (1962), S. 17.

[14] Bereits im 17. und 18. Jahrhundert war es in den altwelfischen Gebieten mehrmals, jedoch immer nur vorübergehend, zur Errichtung von Landdrosteien als Mittelbehörden gekommen [POESTGES (1985), S. 1]. Im Niedersächsischen Hauptstaatsarchiv in Hannover lagert das „Gesuch des Landdrosten v. Schrader wegen Einquartierungsentschädigung 1808-1809" [NLA-HStA Hannover Hann. 51 (Die französische Besitznahme 1806-1810) Nr. 1138, S. 30/555], welches zur Zeit der Quellenverarbeitung Restaurierungsarbeiten unterzogen wurde. Landdrost Detlev Barthold von Schrader wurde 1827 mit dem Großkreuz des Königlichen Guelphen-Ordens dekoriert.

[15] Georg III., der erste in England geborene König des Hauses Hannover, besuchte als erster Doppelmonarch niemals Hannover.

zu. In der „Völkerschlacht zu Leipzig" vom 16. bis 19. Oktober 1813 fielen Teile der Rheinbundtruppen von Napoleon ab und folgten dem preußischen Beispiel. Mit dem Sieg der vereinigten preußischen, österreichischen und russischen Truppen begann das Ende der napoleonischen Herrschaft über Europa.

Doch das Jahr 1813 brachte auch der schwergeprüften Stadt den Segen seines 18. Oktobers. Am 4. November zogen der Herzog von Cumberland mit den Truppen, am 19. Dezember der freudig empfangene General-Statthalter Herzog von Cambridge in Hannover ein. Dem Letzteren ward dann bald die Würde des Vizekönigs verliehen, nachdem der Wiener Kongreß das Kurland zum Königreich erhoben hatte.

Die folgenden Jahre der Regierung Georg's III., Georg's IV. und Wilhelm's waren für Königreich und Stadt die Zeit des Ausbaues der Verfassung, der Verwaltungs-Organisation u. s. w. Hannover erhielt im Jahre 1821 seine Magistrats-Verfassung, nach welcher die Justiz von der Stadtverwaltung getrennt, dem Magistrate ein Stadtdirektor vorgesetzt und ein Bürgervorsteher-Kollegium mit einem Bürgerworthalter an der Spitze gebildet wurden. Bald nachher ward auch die politische Vereinigung der Alt- und Neustadt vollzogen.[16]

Das Kurfürstentum, von 1813 bis 1815 unter die Militärverwaltung der Alliierten gestellt, schuf mit „provisorischen Regierungs-Commissionen" 1813 eine vorläufige Mittelinstanz.

Der Wiener Kongress

In Wien tagte vom 18. September 1814 bis zum 9. Juni 1815 unter Leitung des österreichischen Staatskanzlers Klemens Wenzel Lothar Fürst von Metternich sowie unter starkem Einfluss des russischen Zaren Alexander I. und Englands ein Kongress von Herrschern und Politikern aller europäischer Staaten (außer der Türkei) zur Neuordnung Europas nach den Kriegen gegen Napoleon I.[17]

Die Neuordnung Europas erfolgte einmal unter dem Gesichtspunkt der Wiederherstellung der vorrevolutionären politischen Ordnung, zum anderen als territoriale Neugliederung unter dem Gesichtspunkt des Gleichgewichts der Mächte.

Der „Wiener Kongress" bestätigte das Ende des kirchlichen Territorialbesitzes. Das wirkte sich dahingehend aus, dass Hannover, nunmehr Königreich, und das Großherzogtum Oldenburg einen beträchtlichen Gebietszuwachs einstreichen konnten. Andererseits bekam auch Preußen einen schönen Teil des klerikalen Kuchens, der es der norddeutschen Vormacht ermöglichte, südwestlich von Niedersachsen zwei in sich geschlossene Provinzen zu etablieren. Zwischen diesem großen Westteil und dem eigentlichen Brandenburg-Preußen lagen nur noch Hannover und Braunschweig.

Der hannoversche Staat sah sich aufgrund des erheblichen Gebietszuwachses gezwungen, die Organisation seiner Verwaltung neu zu ordnen. Der auf einen

---

[16] ARCHITEKTEN- UND INGENIEUR-VEREIN ZU HANNOVER (1882), S. 77.

[17] KAEMLING (1987), S. 78, hält dem entgegen: „Der Wiener Kongreß dient weniger dazu, die allfältige Neuordnung Europas nach dem Napoleon-Schock durchzuführen. Vielmehr wirkt er restaurativ unter Festigung der Macht des Gastgebers."

gut überschaubaren regionalen Bereich zugeschnittene zweigliedrige Behörden-aufbau in Zentral- und Ortsinstanz erwies sich bei der neuen Großräumigkeit des Staatsgebietes vor allem mit Rücksicht auf die Ausübung staatlicher Aufsichts-funktionen als ungenügend.

1816/17 erfolgte die Umwandlung der provisorischen Regierungskommission in Provinzialregierungen zu Stade für die Herzogtümer Bremen und Verden sowie das Land Hadeln im August 1816, zu Osnabrück für das gleichnamige Fürsten-tum, die Niedere Grafschaft Lingen und die Kreise Meppen und Emsbüren im September 1816, schließlich zu Hannover für die Fürstentümer Calenberg, Göt-tingen, Grubenhagen, Lüneburg und Hildesheim, den bei Hannover verbliebe-nen kleinen Teil des Herzogtums Sachsen-Lauenburg, die Grafschaften Hoya und Diepholz sowie für die neu erworbenen eichsfeldischen und hessischen Landesteile im März 1817, schließlich zu Aurich für Ostfriesland im Sommer 1817.[18]

Durch Ausschreiben vom 5. November 1817 wurde das ganze Land in sechs Steuerdirektorien (Hannover, Göttingen, Celle, Verden, Osnabrück, Aurich) eingeteilt, diese wiederum in Steuer-Kreise.[19]

Nach Bildung der Provinzialregierungen rissen die Überlegungen nicht ab, wie angesichts des erheblichen Umfangs der räumlichen Kompetenz dieser Behör-den durch die Einrichtung umgestalteter Mittelinstanzen eine effektivere Kon-trolle der Ämter, insbesondere ihrer Untersuchungs- und Kriminaljustiz zu errei-chen sei. Die neuerlichen territorialen Erwerbungen hatten zu Reformen förm-lich gezwungen.

Dennoch blieb die Sache aufgrund eines Berichtes des Ministeriums an den Prinzregenten vom 16. Februar 1818, welcher sich gegen die Einrichtung aus-sprach, zwei volle Jahre liegen. Gefördert wurde sie erst durch den 38 Blätter umfassenden schriftlichen Vortrag des Ministers Graf Ernst von Münster[20] an den Prinzregenten vom 1. Mai 1820, der bereits mehr als ein Jahr zuvor nieder-geschrieben war, „Über die anzuordnenden Mittelbehörden zwischen den Lan-deskollegien und den Beamten". Auf das Schärfste betonte er darin die Notwen-digkeit einer Aufsicht über die Ämter, wie sie bei der Vergrößerung des Landes von der Kammer allein nicht mehr ausgeübt werden könnte. Was für das Fürs-tentum Calenberg einst gut gewesen sei, passe nicht für das Königreich Hanno-ver. Das Auge, welches unbewaffnet zwei Meilen überschaue, bedürfe eines Fernglases bei zwanzig Meilen, so sein bekanntestes Argument zugunsten der Mittelinstanz. Außerdem führe jede unkontrollierte Gewalt zu Missbräuchen.

---

[18] KLEIN (1983), S. 697.

[19] OBERSCHELP (1982), S. 104.

[20] Ernst Friedrich Herbert Graf von Münster, geboren am 1. März 1766 in Osnabrück, gestor-ben am 20. Mai 1839 in Hannover, hannoverscher Staatsmann, seit 1805 Staats- und Kabi-nettsminister (zu London). Graf Münster setzte 1814 auf dem Wiener Kongress durch, dass Hannover zum Königreich erhoben wurde und eine Vergrößerung von 137 Quadratmeilen erhielt. Zum Dank dafür erteilte ihm der Prinzregent die Würde eines Erblandmarschalls und schenkte ihm das säkularisierte Kloster Derneburg bei Hildesheim. [ROTHERT (1914), S. 349].

Die Bildung der „Landdrostey zu Hannover"

Münsters Beweisführung überzeugte, und eine Kommission wurde eingesetzt. Durch Reskript vom 12. Mai 1820 wurde die weitere Bearbeitung dem Geheimen Rats-Kollegio übertragen, welches damals aus dem Herzog von Cambridge, den Ministern Claus von der Decken, Friedrich Franz Dieterich Bremer und Carl Friedrich Alexander von Arnswaldt und aus den Geheimen Räten v. d. Wense, v. Meding, v. Hammerstein, Nieper, Rumann und v. Düring bestand, denen noch der Präsident des Obersteuerkollegiums v. Schele und der Geheime Kammerrat v. Schulte sowie als Protokollführer der ältere Hoppenstedt beigegeben wurden. Schele, Schulte und Hoppenstedt taten die eigentliche Arbeit. In der ersten Sitzung vom 21. Mai 1820 wurde eine Kommission niedergesetzt; diese begann ihre Beratungen im Oktober 1820 und erstattete erst im April 1822 ihren Bericht an das Plenum. Die Plenarsitzungen fanden im Mai 1822 statt. Zwei Pläne wurden mit dem Ministerialbericht vom 8. Juli 1822 in London vorgelegt. Nach dem einen sollten neun Landdrosteien errichtet werden, in Osnabrück, Aurich, Stade, Hannover, Einbeck, Hildesheim, Lüneburg, Celle und Nienburg: jede mit einem Landdrosten und einem Hilfsarbeiter besetzt. Nach dem anderen sollten sechs Landdrosteien mit kollegialischer Verfassung errichtet werden, und zwar in der Weise, dass die Regierungen in Stade, Osnabrück und Aurich als Landdrosteien fortbestanden. Der Bezirk der Provinzialregierung in Hannover sollte dagegen in drei Landdrosteibezirke zerlegt werden: den Bezirk Hannover mit Calenberg, Hoya und Diepholz, den Bezirk Lüneburg mit Lüneburg und dem Rest von Lauenburg und den Bezirk Hildesheim mit Hildesheim und Göttingen-Grubenhagen.

Auf den im September und Oktober 1822 in London abgehaltenen Konferenzen entschied man sich, wie das 16 eng geschriebene Seiten enthaltende Postskript IV vom 12. Oktober 1822 ergibt, im Allgemeinen für den Plan der sechs kollegialischen Landdrosteien. Man ermäßigte jedoch die Kollegialität dadurch, dass den Landdrosten das Recht beigelegt wurde, Beschlüsse zu suspendieren, einstweilen nach ihrer Ansicht zu verfahren und die höhere Entscheidung anzurufen. Auch erweiterte man die Zuständigkeit dadurch, dass die Landdrosteien nicht nur an die Stelle der Kammer treten sollten: Von den bis dahin von der Kammer wahrgenommenen Funktionen gingen auf die Landdrosteien neben den Regierungs- und Polizeisachen mit Einschluss der Landgerichte und der Aufsicht über die Ämter, auch bezüglich der Justizpflege, wie die Revision der Hypothekenbücher, gewisse Domänensachen über, sodass sie Provinzialkammern, in so weit Finanzbehörden wurden. Endlich wurden sie in Verkoppelungs-, Gemeinheitsteilungs- und Ablösungssachen zuständig; die Landdrosteien Hannover, Hildesheim und Lüneburg allerdings erst durch Verordnung vom 18. September 1833, nachdem bis dahin das damals aufgehobene Landesökonomie-Kollegium in Celle diese Geschäfte besorgt hatte. Mit geistlichen Sachen, mit Steuern und Zöllen hatten sie nichts zu tun. Wegen der erweiterten Zuständigkeit wurden statt der in Aussicht genommenen zwei Räte drei bei jeder Landdrostei angesetzt.[21]

---

[21] MEIER (1899), S. 305 f.

Die Landdrosteien wurden durch Edikt vom 12. Oktober 1822, die Bildung der künftigen Staatsverwaltung im Königreich Hannover betreffend, als Mittelbehörden zwischen dem Staats- und Kabinettsministerium und den Ämtern, Stadt- usw. Obrigkeiten statt der bisherigen Provinzialregierungen für die Regierungs- und Polizeisachen in ihrem ganzen Umfange, mithin für die ganze innere Regiminalverwaltung[22] mit Ausnahme bestimmter geistlicher und Justiz-Angelegenheiten begründet.[23]

Hannoversche Gesetz-Sammlung I. Abteilung S. 367.

---

[22] Regiminalverwaltung: Verwaltung i. e. S., im Gegensatz zur Rechtspflege und Finanzverwaltung.

[23] „Edict, die Bildung der künftigen Staats-Verwaltung in dem Königreich Hannover betreffend. Carlton-House, den 12ten October 1822." (Hannoversche Gesetz-Sammlung, I. Abteilung, S. 367).

24

im Ganzen als zweckmäßig und wohlthätig bewährt haben: so ist es doch von Uns wahrgenommen worden, daß dadurch dasjenige nicht völlig erreicht worden ist, was Wir, nach den Uns beiwohnenden landesväterlichen Absichten, dadurch zu erreichen bezweckten. Wir haben daher, um den Geschäftskreis einer jeden Unserer Landes-Verwaltungs-Behörden dergestalt auszubilden, daß solcher deren eigentlichen Bestimmung entsprechend und für sämmtliche Provinzen Unsers Königreichs Hannover gleichmäßig sey, wie auch, um den Geschäftsgang allenthalben einfacher und rascher, und die obere Leitung sämmtlicher Verwaltungszweige aus einem mit der gehörigen Übersicht des Ganzen versehenen Centralpuncte leichter und kräftiger zu machen, in Ansehung der Geschäftskreise, des Geschäftsganges und der Verhältnisse der verschiedenen Verwaltungs-Behörden, mehrere wesentliche Veränderungen und neue Einrichtungen anzuordnen beschlossen, und machen demnach mittelst dieses Edicts dasjenige vorläufig bekannt, was Unsern getreuen Unterthanen zur künftigen Nachachtung zu wissen nöthig ist.

I.

Die oberste, Uns unmittelbar verantwortliche Behörde für alle Verwaltungs-Zweige, mit Ausnahme der rein militairischen Angelegenheiten, ist für Unser ganzes Königreich Hannover Unser Staats- und Cabinets-Ministerium.

Sämmtliche obere Verwaltungs-Behörden sollen demselben in Zukunft auf eine völlig gleichmäßige Weise untergeordnet seyn, an dasselbe zu berichten und von demselben Verhaltungs-Anweisungen zu empfangen haben, und es sollen mithin keine unmittelbare Berichtserstattungen von irgend einem Landes-Collegio an Unsere allerhöchste Person statt finden.

Auf gleiche Weise sollen von den Verfügungen und Entscheidungen sämmtlicher denselben unmittelbar untergeordneten Verwaltungs-Behörden Berufungen an Unser Staats- und Cabinets-Ministerium zulässig und dasselbe befugt seyn, darauf nach Befinden zu beschließen und Abänderungen zu treffen. Auch soll Unser Ministerium künftig die Prüfung und Anstellung sämmtlicher zum Civildienst sich meldenden Candidaten zu leiten, wie nicht weniger mittelst der anzuordnenden Landdrosteien die Aufsicht über sämmtliche Beamten zu führen und deren Beförderung und Versetzung, nach vorgängiger Berathung im Geheimen Raths-Collegio, zu bestimmen haben.

II.

In Unserm Staats- und Cabinets-Ministerio selbst soll der älteste von Unsern in Hannover anwesenden, den Ministerial-Sitzungen regelmäßig beiwohnenden Staats-

Hannoversche Gesetz-Sammlung I. Abteilung S. 368.

Mit dem Edikt stellte König Georg IV. von Hannover, Großbritannien und Irland[24] in Aussicht, es sollten „als Mittel-Behörden zwischen Unserm Staats- und Cabinets-Ministerio und den Ämtern, den Stadt- und Patrimonial-Obrigkeiten (...) sechs Land-Drosteien" gebildet werden.

Das Königreich Hannover wurde verwaltungsmäßig in die Landdrosteien Aurich, Stade, Osnabrück, Lüneburg, Hannover und Hildesheim untergliedert. Die Landdrostei Hannover umfasste zunächst das Fürstentum Calenberg und die Grafschaften Hoya und Diepholz.

---

[24] Georg IV. hatte den Königsthron am 29. Januar 1820 bestiegen. Der Staatskalender auf das Jahr 1823 berichtete: „Das regierende Königliche Haus. König: Georg IV. (August Friedrich) König von Hannover, auch König des vereinigten Reichs Großbritannien und Irland, Herzog zu Braunschweig und Lüneburg x. succedirt den 29 Januar 1820, geboren den 12 August 1762."

Die räumliche Gliederung der neuen Verwaltungsbezirke zeigt, dass mehr noch als in Preußen Größenunterschiede in Kauf genommen worden waren, um historisch Gewachsenes nicht zu zerreißen. Bei der Organisation der Behörde selbst war eine Art Kompromiss zwischen dem Präfektur- und dem Kollegialsystem gefunden worden. Letzteres galt nämlich nur „im Allgemeinen"; der als „für seine Person besonders verantwortlich" bezeichnete Landdrost hatte das Recht, ein ihm nicht genehmes Votum seiner drei Räte zu suspendieren und die Angelegenheit dem Ministerium zur Entscheidung vorzulegen.

Das Edikt trat am 1. Mai 1823 in Kraft. Ein Reglement vom 18. April 1823 grenzte die Zuständigkeiten der Landdrosteien gegenüber der Zentralverwaltung im Einzelnen ab.[25]

In der Gesetzessammlung wurde bekannt gemacht:

Bekanntmachung der Königlichen Land=Drostei zu Hannover, deren Installation betreffend. Hannover, den 15ten Mai 1823.

Demnach, in Folge Königlicher Verordnung de dato Carlton-House den 18ten April 1823, die Königliche Land=Drostei Hannover unterm heutigen Dato installirt und eingeführt worden: so wird solches hiermit zur allgemeinen Kenntniß gebracht und werden sämmtliche Königliche Ämter, städtische Obrigkeiten und Patrimonial=Gerichte des Land=Drostei=Bezirks Hannover, wie auch alle diejenigen, welche es sonst angeht, aufgefordert, in allen denjenigen Sachen, welche nach dem, als Anlage Eingangs erwähnter Königlichen Verordnung publicirten, Land=Drostei=Reglement zur Competenz der Königlichen Land=Drostei Hannover erwachsen sind, ihre Berichte und Anträge hinführo an selbige unmittelbar gelangen zu lassen.

Hannover, den 15ten Mai 1823.

Königliche Großbritannisch=Hannoversche Land=Drostei.

Campe.

Der Kanzleirat im Staats- und Kabinettsministerium Wilhelm Ubbelohde legte im Jahre 1823 das „Statistische Repertorium über das Königreich Hannover" vor.[26] Dieses wurde eingeleitet durch die „Erste Unterabteilung. Regiminal-Verfassung." Die Städte, königlichen Ämter und Gerichte wurden in alphabetischer Folge aufgelistet und die Einwohnerzahlen den Zahlen der Wohngebäude gegenüber gestellt.

---

[25] Ernst von Meier lagen die diesbezüglichen obrigkeitlichen Akten noch vor: „Acta betr. die Organisation der neu einzurichtenden Landdrosteien 1817-1830: D. 76ª. Gen. I. Nr. XVIIIª. Acta betr. die Regulierung der Verhältnisse der Lokal- und Mittelbehörden, Landdrosteien Gen. 1ª. 1ᵇ. Vol. I. 1816/17. Vdl. II. 1821/22; Acta betr. die Anordnung der Landdrosteien Gen. 2ª. 2ᵇ. Vol. I. 1822/23. Vol. II. 1823/46. Die beiden letztgenannten Akten befanden sich zur Zeit der Benutzung noch in der Registratur des Oberpräsidiums."

[26] UBBELOHDE (1823); Näheres zu diesem Buch vgl. RÜGGEBERG (1994).

Feuerstellen Einwohner

I. Landdrostey Hannover.

A. Fürstenthum Calenberg.

1. Städte.

		Feuerstellen	Einwohner
1.	Bodenwerder	231	1,333
2.	Hameln	672	4,900
3.	Hannover, Haupt= und Residenzstadt	1,279	17,199
	Hannover, Neustadt	387	5,503
4.	Münder	161	1,043
5.	Wunstorf	245	1,580

2. Königliche Aemter.

1.	Blumenau	1,089	8,457
2.	Calenberg	1,666	12,164
3.	Coldingen	917	6,209
4.	Coppenbrügge	325	2,483
5.	Grohnde Ohsen	895	5,938
6.	Hameln	1,540	8,424
7.	Hannover, Gerichtsschulzenamt	789	4,815
8.	Langenhagen	778	5,643
9.	Lauenau	628	4,464
10.	Lauenstein	1,500	9,567
11.	Neustadt am Rübenberge	1,484	10,797
12.	Polle	542	3,855
13.	Rehburg	307	2,251
14.	Ricklingen	359	3,288
15.	Springe	996	7,392
16.	Wennigsen	1,668	12,394
17.	Wölpe	802	5,528

3. Gerichte.

1.	Banteln	100	711
2.	Bemerode	27	194
3.	Bredenbeck	108	819
4.	Dehnsen	30	228
5.	Hämelschenburg	35	291
6.	Hastenbeck	52	397
7.	Limmer	27	190
8.	Loccum	457	3,218
9.	Ohr	26	245
	Summa	20,122	151,520

B. Grafschaft Hoya.

    1. Stadt.

Nienburg		358	3,810

    2. Königliche Aemter.

1.	Bruchhausen	1,288	7,908
2.	Diepenau	410	2,467
3.	Ehrenburg und Bahrenburg	1,851	12,660
4.	Freudenberg	676	3,916
5.	Harpstedt	763	4,943
6.	Hoya	2,510	15,991
7.	Nienburg	843	7,508
8.	Siedenburg	192	1,564
9.	Steyerberg und Liebenau	563	3,949
10.	Stolzenau	1,921	12,291
11.	Syke	2,306	14,455
12.	Uchte	503	3,782
13.	Westen und Thedinghausen	1,424	9,126
	Summa	15,608	104,160

C. Grafschaft Diepholz.

    Königliche Aemter.

1.	Diepholz	2,477	14,629
2.	Lemförde	731	4,027
	A. Calenberg	20,122	151,520
	B. Hoya	15,608	104,160
	C. Diepholz	3,208	18,656
	Summa	38,938	274,336

Aufgaben der Landdrosteien

Vorschläge zur Einrichtung der Registratur für die Königliche Landdrostei Hannover wurden bereits im Mai 1823 von dem Sekretär Wendt dem Landdrosten vorgelegt und von diesem genehmigt. Sie gliederten die Akten dem Gründungsedikt entsprechend folgendermaßen:[27]

I.   Landeshoheitssachen und Personalia

    A.   Landeshoheitssachen

    (Verfassung, Gesetzgebung, Huldigung, Stände, Landesgrenzen, Territorialeinteilung, Bevölkerung, Aufnahme und Entlassung von Untertanen, Juden, Lehnssachen, Münz-, Post-, Zoll-, Bergwerks- und Salinensachen, Statistische Nachrichten, Reisen Seiner Majestät)

---

[27] Entnommen aus: NLA-HStA Hannover Hann. Des. 80 Hannover I – Vorwort zum Findbuch der Landdrostei Hannover 1806-1870.

B. Personalia

(Gen. Oberste Landesbehörden, Landdrostei, Anstellung der Beamten nach Städten, Ämtern und Gerichten, Urlaub, Gesuche um Versetzung und Anstellung, Besoldung, Pensionen, Gratifikationen, Beschwerden gegen Angestellte)

II. Allgemeine Verwaltung

Generalia

A. Judicialia

1. Civilia

2. Criminalia

3. Gerichtliche Polizei

B. Verwaltung der Polizei

(Im Wesentlichen die verschiedenen Sparten der polizeilichen Verwaltung auf allen Gebieten, wie im späteren endgültigen Registraturplan)

C. Visitationsreisen

III. Gemeindeverwaltung

Generalia

A. Städtesachen

B. Landgemeindesachen

IV. Landeskultursachen

(Im Wesentlichen wie in der späteren endgültigen Registraturordnung, aber auch Fabrik- und Manufakturwesen, Schifffahrt, Schiffbarmachung der Flüsse und Kanäle, Anlegung neuer Straßen, Verkehr mit dem Auslande, Ein- und Ausfuhr von Rohprodukten, Brennerei- und Brauwesen (nicht das polizeiliche), Erfindungen und Entdeckungen)

V. Geistliche und Schulsachen

VI. Militaria

A. Rekrutierungswesen

B. Einquartierungs- und Verpflegungssachen

VII. Domänensachen

(waren vorgesehen, wurden aber, offenbar nach Auflösung der Domanialregistratur 1839, wieder gestrichen)

VIII. Comptabilität

(Fisci-, Accidencien- und Materialienkasse)

IX. Steuersachen

Kassationen, die Ungültigmachung von Urkunden, wurden bereits vom Jahre 1840 ab in größerem Umfange vorgenommen. Auf Antrag des Registratorgehilfen August Gottlieb Weyrich wurden 1840 kassiert:

1. Urlaubsbewilligungen für Beamte bis 1835 einschließlich

2. Gesuche der Ämter um Übermittlung von Formularbögen bis einschließlich 1839

3. Begleitungsberichte der Ämter pp. bei Übersendung der monatlichen Amtsverwaltungsausgaben

4. Temporäre Bewilligungen aus der Nebenanlagerechnung bis 1825

5. Fuhrbefehle bis 1838

6. Kontraventionen gegen die Verordnung wegen Aufkaufs pp. der Lumpen bis 1825

7. Hausier-Kontraventionen bis 1825

8. Holzausfuhrpässe bis 1826

9. Salzeinfuhrpässe bis 1829

10. Auszüge aus den Passregistern pp. 1828-38

11. Konzessionen zum Halten von Privatbeschälern bis 1838

12. Gesuche um Erlaubnis zur Zuziehung von Landhandwerkern zum Hausbaue bis 1838 einschließlich

13. Chausseedienstleistungen von 1824 an

14. Akten betr. Epidemien und

15. Viehseuchen – soweit sie nur temporäre Anordnungen enthielten

16. Rettungsprämien bis 1836 einschließlich

17. Fleisch- und Brottaxen bis 1839 einschließlich

18. Gesuche um Erlassung von Polizei- und Forststrafen bis 1838

19. Umwandlung inexigibler Forst- und Polizeistrafen in Gefängnisstrafe oder Strafarbeitstage bis 1838

20. Gesuche um Erlassung der Amtsgewinnungsgelder bis 1836

Alle diese Akten im Gewicht von 6,11 Zentner wurden 1841 verkauft. Die Kassation der unter Ziffer 18 aufgeführten Akten wurde 1848, ebenfalls auf Antrag von Weyrich, bis 1846 ausgedehnt, desgleichen wurden damals kassiert die Berichtsforderungen bis 1844.

Gelegentlich der Verlegung der Geschäftslokale der Landdrostei Hannover in das British Hotel wurden 1860 auf Antrag von Weyrich noch weitere Akten, teils zur Raumgewinnung der Registratur, teils weil sie wertlos erschienen, zur Kassation durch Einstampfung freigegeben.

Der Aufgabenbereich der Landdrosteien wurde in den „Staats- und Adress-Kalendern für das Königreich Hannover", welche jährlich seit 1737 erschienen, festgeschrieben. An dieser Stelle soll aus dem, 1824 erstmals abgedruckten Aufgaben- und Organisationskomplex der Landdrostei Hannover zitiert werden:

III. Verwaltung der Regiminal=, Poli=
cey= und Hoheits=Angelegenheiten.

I. Landdrosteyen.

(Die Landdrosteyen, welche allein dem Staats= u. Cabin. Ministerio untergeordnet sind, bilden in den, ihrem Wirkungskreise untergebenen Administrationssachen, die Mittel=Instanz zwischen den Central=Behörden, und den Städten, Aemtern, Patrimonial=Gerichten und sonstigen Local=Obrigkeiten. Die, ihnen übertragenen Administrationszweige betreffen a. theils Regiminal = Sachen, und gehören vor die Landdrosteyen, in dieser Beziehung sowohl alle allgemeinen Regierungs=Angelegenheiten, als auch sämmtliche generelle und specielle Polizeygegenstände; theils b. Domanial=Sachen (s. pag. 182.) theils c. Militair=Sachen, und entscheiden, oder concurriren die Landdrosteyen, in und bey den Angelegenheiten, welche die Recrutirung, das Einquartirungs=, Service=, Verpflegungs=, Durchmarsch=, Kriegerfuhr= und Etappenwesen betreffen. Bey Betreibung derjenigen Geschäfte, welche eine besondere technische Kenntnis erfordern, haben die, in einem jeden Landdrostey=Bezirke für einzelne Geschäftszweige angestellten Beamte, diejenigen Arbeiten zu übernehmen, die ihnen von den Landdrosteyen übertragen werden. Die Oberforstmeister sind, in Forstsachen, Mitglieder dieser Behörden, und haben als solche Sitz und Stimme in den collegialischen Versammlungen. Von dem Wirkungskreise der Landdrosteyen sind die eigentlichen Justiz= und geistlichen Sachen ausgeschlossen. Es ist jedoch von selbigen eine allgemeine Aufsicht über das, bey den Städten, Aemtern und Patrimonialgerichten angestellte Personal, und dessen Amtsverrichtung zu führen; nicht weniger auf die ungesäumte Betreibung der, bey den Untergerichten eingeleiteten Criminal=Untersuchungen, und auf die Behandlung der Inhaftirten und den Zustand der Gefängnisse das Augenmerk zu richten, wie auch von dem Gange der Justizverwaltung, Ordnung der Registraturen, und dem Zustande des Deposital=, Vormundschafts= und des Concurs=Wesens bey den Unterbehörden, von den Landdrosteyen Kenntnis zu nehmen. Von ihnen sind auch diejenigen Anordnungen zu treffen, welche in Beziehung auf die Kirchen und Schulen notwendig werden, und technische Kenntnisse erfordern, oder in Ansehung welcher es auf die Concurrenz der Commünen ankommt. Die Landdrosten bereisen, wenigstens jährlich einmal, den Distrikt der Landdrostey, und kommen, zu einem, von dem K. Ministerio zu bestimmenden Termine, einmal im Jahre zu Hannover zusammen. – Reglem. d. d. 18. Apr. 1823. Ges.=Saml. d. a. 1823. I. Abth. Nr. 10.)

A. Landdrostey zu Hannover.

(Der Geschäftskreis erstreckt sich

a) *über das F. Calenberg, in welchem 5 größere Städte, 17 Aemter und 9 Gerichte, mit insgesamt 20,272 Feuerst. und 152,404 Einw. sich befinden.*

b) *über die Grafsch. Hoya, in welcher eine große Stadt, und 13 Aemter belegen, mit 15,608 Feuerst. und 104,160 Einw. und*

c) *über die Grafsch. Diepholz, welche zwey Aemter enthält, mit 3208 Feuerst. u. 18,656 Einw.*

Die Landdrostey hält Mont., Dienst., Donnerst. u. Freyt. Vormittags, ihre Sitzungen, in dem, an der Calenbergerstraße sub Nr. 228 belegenen Nebenhause des Ministerial=Gebäudes.)

Ernst Georg Ludwig von Campe, Landdrost **M.**

Rudolph Wilhelm Rumann
Friedrich Wilhelm von Dachenhausen **H.W.M** } *Regierungs=Räthe.*
Georg Wilhelm Meyer

Secretarien.

Heinrich Diederich Crusen
Ernst Wilhelm Ferdinand Wendt
August Wilhelm Carl Schuster, sup. Amt=Assessor, vermöge besonderen Auftrags.

Registratur und Canzley.

Conrad Schläger, Calculator
Johann Friedrich Conrad Baxmann, prov. Calculatorgeh.
Friedrich Adolph Christoph Seyfarth, Registrator
Ant. Carl Alten u. Joh. Friedr. Christ. Klünder, Canzlisten
E. G. H. Karff u. H. G. A. A. Wein, beeid. Cop.
H. H. W. Marwedel, Bote.

Landdrost der ersten Stunde wurde der bisherige Kriegsrat Ernst Georg Ludwig von Campe (1781-1829).[28] Sein Großvater war Werner Heinrich von Campe, geboren am 13. Oktober 1684, gestorben am 16. Juli 1743, auf Isenbüttel, Oehren und Wettmershagen, königlich Großbritannischer, Kurfürstlich Braunschweig-Lüneburgischer Hofrichter, ältester Cellischer Landrat (zum Landschaftsdirektor präsentiert). Seine Eltern waren Heinrich Wilhelm August von Campe (1722-1781), ebenfalls Hofrichter, und Wilhelmine Charlotte Amalia von Behr (1762-1805), die der Vater in zweiter Ehe 1777 zur Frau genommen hatte.

Ernst Georg Ludwig von Campe erblickte in Celle das Licht der Welt. Er erhielt vom König Jérôme von Westphalen, dem Bruder von Napoleon, 1813 eine Anerkennung des Freiherrenstandes. Aus seiner 1806 zu Hoya geschlossenen Ehe mit Mathilde Albertine Wilhelmine von Staffhorst (1787-1833) gingen sechs Kinder, drei Söhne und drei Töchter, hervor.[29]

Nach der Zeit der französischen Besetzung (1803-1813) wird im wieder erschienenen Königlich Großbritannisch-Hannoverschen Staatskalender von 1819 unter den Departements der Königlichen Kriegskanzlei das von Kriegsrat Ernst Georg Lud(e)wig von Campe als Departements-Rat geleitete 7. Departement, nämlich das „Departement der Civil-Bauten", genannt.[30]

---

[28] Vgl. VENTURINI (1826), S. 369 f.
[29] Jahrbuch des deutschen Adels, Bd. 1, Berlin 1896, S. 397-402. Über König Jérôme vgl. BLAZEK (2007).
[30] Königlich Großbritannisch-Hannoverscher Staatskalender auf das Jahr 1819, Behrenbergsche Buchdruckerei zu Lauenburg, Lauenburg 1819, S. 45.

1821 wurde er zum Ritter des Guelphen-Ordens ernannt.[31] Der Staats- und Adresskalender für das Königreich Hannover nannte ihn 1829 in der einleitenden Rubrik der Ordensträger „Geheimer-Rath, Kriegs-Canzley- und Ober-Zoll-Direktor". Ernst Georg Ludwig von Campe starb am 11. Juni 1829 in Hannover, gerade einmal 47 Jahre alt.

Im „Neuen Nekrolog der Deutschen" heißt es 1831 zur Person S. 491 f.:[32]

215. Ernst Georg Ludwig v. Campe,

wirkl. Geheimerath u. Landrost (sic!) zu Hannover; Command. d. G. O. u. Ritt. d. I. M. O.; geb. d. 6. Aug. 1781, gest. d. 11. Juni 1829 *)

Der Verstorbene, dessen Vater Hofrichter in Celle war, ward dort wenige Monate nach dem Tode des Letztern geboren und seine Erziehung von der frühesten Kindheit an in dem Hause eines redlichen Vormundes, des damaligen Hofgerichts-Sekretärs Claren, in wissenschaftlicher Hinsicht, vorzüglich durch Hofmeister geleitet. — Michaelis 1798 bezog er die Landesuniversität, widmete sich dort insbesondere dem Studium der Rechtswissenschaft, und sah demnächst seinen Wunsch, im königl. Dienste angestellt zu werden, durch die Ernennung zum Auditor in dem damaligen Hofgerichte zu Hannover erfüllt. Höchst wahrscheinlich war seine Anstellung und mehrjährige Thätigkeit in diesem Kollegium nicht ohne Einfluß auf seine spätere Laufbahn; da der schnelle und richtige Blick des Verstorbenen, sowie seine vorzüglichen Kenntnisse und Liebe zur Arbeit, dem damaligen Chef des Hofgerichts besonders bemerklich werden mußten. Die damalige unglückliche Lage Hannovers, verbunden mit dem Wunsche, sich noch mehr auszubilden, bestimmten in jener Zeit des Verstorbenen zu einer längeren Reise in das südliche Deutschland und nach Italien. Bald nach seiner Rückkehr von dort ward die bis dahin noch bestandene hannov. Gerichtsverfassung durch die westphälische Regierung aufgelöst, der Verstorbene indeß bei einer der neuen Gerichtsbehörden nicht angestellt, sondern zu einem der westphäl. Kammerherren ernannt, ohne daß er jedoch seinen Wohnsitz nach Cassel zu verlegen gehabt hätte. Erst nach der Wiederherstellung der älteren Verfassung ward v. C. für den Staatsdienst von neuem wirksam und als Kriegsrath bei der Kriegskanzlei angestellt, demnächst, in Rücksicht auf seine in diesem Posten geleisteten Dienste, zum geheimen Kriegsrathe, späterhin zum Assessor in dem Geheime=Raths=Collegium, und 1824, nach Einrichtung der Landdrosteien, seinem Wunsche gemäß, zum Landdrosten in Hannover, daneben aber im J. 1827 zum Geheimerath ernannt. In seinem Geschäftskreis als Landrost war es vorzüglich, wo er durch die Art, wie er die Sachen und Personen behandelte, sich schnell eine allgemeine Liebe und Vertrauen zu erwerben wußte. Beseelt von dem Wunsche, ganz dem Geiste zu entsprechen, in welchem das neue Institut der Landdrosteien ins Leben gerufen war; ausgerüstet mit vielseitigen Kenntnissen und Erfahrungen; stets bemüht, jene zum Besten der seiner Verwaltung anvertrauten Unterthanen zu vermehren und wohlwollend, gerecht und unparteiisch

---

[31] Staats- und Gelehrte Zeitung des Hamburgischen unpartheyischen Correspondenten, verlegt von den Grundschen Erben, vom 2. November 1821.
[32] Neuer Nekrolog der Deutschen, 7. Jahrg., 1829, 2. Teil, Verlag von Bernh. Fr. Voigt, Ilmenau 1831, S. 491 f.

zu handeln; konnte es ihm nicht fehlen, die aufrichtigste Hochachtung und Liebe bei den ihm vorgesetzten Behörden, und dankbare Verehrung bei den Unterthanen sich zu gewinnen. Sein persönliches Benehmen war in allen diesen Beziehungen um so mehr von Einfluß, da auch bei seinen mündlichen Eröffnungen und Anordnungen der Ausdruck des Wohlwollens, der Festigkeit und Gerechtigkeit unverkennbar vorherrschte, den er seiner ganzen Dienstverwaltung zu verschaffen, für heilige Pflicht hielt, und es ist namentlich bei Gelegenheit der Dienstreisen, die er in seinem Geschäftsbezirke vorzunehmen hatte, der wohlthätige Eindruck oft bemerkt worden, den seine Persönlichkeit und seine Worte auch auf den Ungebildeten hervorbrachten. Glücklich in einem Dienstverhältnisse, welches seinem sehnlichen Wunsche, vielseitig für das Gemeinwohl wirken zu können, in jeder Rücksicht entsprach, erfüllt mit gründlichen Kenntnissen und Eifer für seinen Posten, und mit wahrer Liebe an König und Vaterland geknüpft, wurden ihm seine Arbeiten als Landdrost freudig und leicht, und gestatteten ihm daher auch die Zeit, um an den Geschäften des Geheime= Raths=Collegium einen lebhaften und wichtigen Antheil zu nehmen. Schließlich ist noch zu bemerken, daß C. bei der Einrichtung der allgemeinen Ständeversammlung in zwei Kammern der Erste war, der ungeachtet seiner bedeutenden Güter nicht in die erste Kammer der Stände eintrat, sondern es vorzog, als Deputirter der Stadt Nienburg in der zweiten Kammer der Stände aufzutreten.

Auch zu dem im Staats- und Adresskalender genannten August Wilhelm Carl Schuster (1798-1839), „sup. Amt-Assessor, vermöge besonderen Auftrags", liegt eine genauere Lebensbeschreibung vor. Im „Vaterländisches Archiv für Hannoverisch-Braunschweigische Geschichte" heißt es 1833:[33]

XXX.

Nekrolog.

August Wilhelm Karl Schuster,

Amtsassessor, auch Hilfsarbeiter bei der Landdrostei Hannover.

Er ist der Sohn des Ober=Amtmanns Dr. Schuster zu Scharzfels, und dessen Ehegattin geborne Flügge, geboren zu Rotenkirchen am 3. August 1798 [1]).

Bis zu seinem zehnten Jahre genoss er zu Lauenstein Unterricht durch Hauslehrer; begriff leicht und hielt fest, was er einmal gehört und gelesen halte.

Am 7. November 1803 kam er mit seinem ältern Bruder auf das Lyceum zu Hannover. Zeichnen und Malen lernte er bei dem genialen Ramberg. Mit den schönsten Zeugnissen, ging er Michaelis 1815 nach Göttingen. Nachdem er ein gutes Examen gemacht, wurde er im April 1819 bei dem Amte Scharzfels als Auditor angestellt. Als sup. Amtsassessor cum voto im Jahre 1821 an das Amt Stolzenau versetzt, arbeitete er äußerst thätig. Dem verehrten Landdrosten von Campe zu Hannover, war er so vortheilhaft bekannt geworden, daß er ihn als Hülfsarbeiter bei der Landdrostei forderte. Er wurde nun mit Geschafften so überhäuft, daß er die Nächte zu Hülfe nehmen musste. Sein Geist erlag zwar nicht; aber seine sonst eiserne Gesundheit war gebrochen. Da seine Gesundheit

---

[33] SPILCKER/BROENNENBERG (1833), S. 528 f.

immer mehr litt, musste er Bäder besuchen. Statt besser zu werden, hatte sich sein Übel sehr verschlimmert. Am 7. September 1829 traf er bei seinem Vater in Scharzfels ein und am 22. April 1839 entschlummerte er sanft. — Die allgemeine Forst= und Jagd=Zeitung enthalt mehre seiner Arbeiten. Seinem Meister Ramberg machte er Ehre. Er portraitirte sehr richtig. Er war Naturforscher, daher Mitglied der naturhistorischen Gesellschaft in Hannover. Er hatte sich auf Reisen gebildet. Er war Dichter; seine Sagen des Harzes sind öffentlich günstig beurtheilt.

Mit Wirkung vom 24. Juli 1829 wurde Friedrich Wilhelm von Dachenhausen zum Landdrost in Hannover ernannt. Über von Dachenhausen, der die Gründung des Gewerbevereins für das Königreich Hannover am 20. Mai 1834 veranlasste, heißt es: „Ohne bedeutende persönliche Energie stets wohlwollend, ein allgemein geschätzter Vermittler."[34]

Mit Reskript vom 2. Juli 1832 teilte das Königlich Großbritannisch-Hannoversche Ministerium Abteilung für geistliche Unterrichts-Angelegenheiten der Landdrostei Hannover mit, dass sich bei der Regulierung der Parochial-Verhältnisse zwischen der Schlosskirche und den Kirchen der Altstadt unter anderem ein Zweifel darüber ergeben hätte, ob das Personal der Landdrostei zu der Schlosskirche oder zu der Lokal-Parochie gehöre. Bevor man weitere Entscheidungen treffen wollte, wünschte man zu vernehmen, „ob die Herren und die sonstigen bei der Königlichen Landdrostey angestellten Officianten" einen besonderen Wert darauf legten, der Schlosskirche eingepfarrt zu werden. Die Landdrostei entgegnete am 11. Juli 1832, dass es nicht klar zu erkennen wäre, ob das Ministerium die Erklärung der einzelnen Mitglieder und Offizianten, welche ja zugleich Hausbesitzer wären, oder einen gemeinschaftlichen Beschluss erwartete. Schließlich bat sie dann aber, „daß dem Landdrostey Personal in corpore angemessene Kirchenstände in der Schloßkirche hochgeneigtest mögen angewiesen ... werden." Das Personal der Landdrostei wurde somit der Schlosskirche zugeteilt, bis dasselbe Ministerium der Königlichen Landdrostei „Auf Allerhöchsten Befehl" am 13. November 1844 mitteilte, dass „sämmtliche früherhin der Königlichen Schloßkirche angehörige Personen, soweit sie nicht bei der Wiederherstellung des Gottesdienstes in dieser Kirche deren Parochie ausdrücklich beigelegt sind, sich als Angehörige derjenigen Parochien zu be-

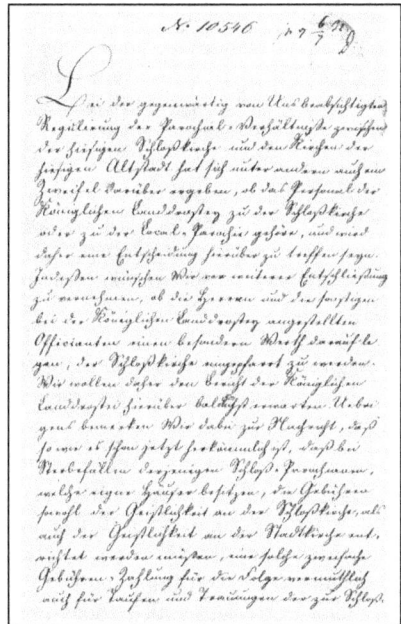

---

[34] ROTHERT (1914), S. 525.

trachten haben, in welchen sie wohnen; und daß sich hiernach auch die Parochial-Verhältnisse des bei der Königlichen Landrostei angestellten Personals richten."[35]

Im Königreich Hannover wurde die Agrarverwaltung ab 1833 bei den Landdrosteien als den zuständigen Verwaltungsbehörden angesiedelt, nachdem man den Versuch, nach preußischem Muster über ein Landes-Ökonomie-Kollegium eine landwirtschaftliche Sonderbehörde zu schaffen, aufgegeben hatte.[36]

Carl Detlev Freiherr Marschalck von Bachtenbrock, geboren am 9. Februar 1802 in Verden, arbeitete ab 1836 als Regierungsrat an der Landdrostei in Hannover. Später, von 1849 bis 1855, war er Mitglied des Staatsrats. 1819 war Marschalck, der aus einer alten Adelsfamilie stammte, als Jurastudent in Göttingen immatrikuliert. 1823 war er Auditor in Hoya, Neuhaus und Stade, 1832 bereits Regierungsrat in Osnabrück. 1835, nach etwa einjähriger Auszeit, wurde er Regierungsrat in Hannover. 1841 besetzte Marschalck nach dem unerwarteten Tod des Landdrosten in Aurich, Anton Friedrich Christian von Wersebe (1784-1841), die dort freigewordene Stelle im Alter von 41 Jahren. Dank seiner umsichtigen Amtsführung während der Revolution blieb Ostfriesland von größeren Unruhen verschont. 1857 wurde Marschalck von Wilhelm Friedrich Otto von Borries, der bereits 1862 selbst in Ungnade fiel und seine Ämter räumen musste, aus dem Amt gedrängt. Darauf zog er sich zunächst zu seinem älteren Bruder Otto Marschalck von Bachtenbrock, der zur Unterscheidung von ihm der rote Marschalck genannt wurde, und welcher zur gleichen Zeit Landdrost in Osnabrück und Stade war, zurück. Carl Detlev Marschalck wurde bis dahin „der schwarze Marschalck" genannt. Nachdem sein Bruder bereits 1858 verstarb, verlegte Marschalck seinen Lebensmittelpunkt nach Verden bzw. auf das benachbarte Gut Bockel als Sommersitz. Er starb am 11. Juni 1864 in Hannover.[37]

Nach der Reorganisationsvorlage vom Januar 1837 sollte die ganze innere Landesverwaltung, ähnlich wie in Preußen bei den Regierungen, bei den Landdrosteien konzentriert werden, deren Geschäftskreis nicht wie bis dahin nur auf das Innere und einen Teil der Domänenverwaltung, sondern unter Aufhebung der Kammer auf die gesamte Domänenverwaltung und unter Aufhebung des Obersteuerkollegiums und der Provinzialdirektionen auf die direkten Steuern sich erstrecken sollte, sodass nur für die Verwaltung der indirekten Steuern besondere Zentral- und Provinzialorgane fortbestanden haben würden.

Zugleich war bezüglich der Konsistorial- und Schulsachen eine so enge Verbindung zwischen den Landdrosteien und den Konsistorien geplant, dass sie einer Aufhebung der Konsistorien gleichkam; denn es war in Aussicht genommen, die Zahl der Konsistorien mit der der Landdrosteien in Übereinstimmung zu bringen, dem gemäß den Hannoverschen Konsistorialbezirk in drei Konsistorialbezirke zu teilen, das Konsistorium zu Otterndorf und den Oberkirchenrat zu

---

[35] NLA-HStA Hannover Hann. 80 I A Nr. 2 (1832 Die Parochial-Verhältnisse des Landdrostey Personals betr.).
[36] WINKEL (1984), S. 500.
[37] DEETERS/THIELKE (2007).

Nordhorn aufzuheben, den Vorsitz in den Konsistorien den Landdrosten beizulegen, „die weltlichen Mitglieder soweit thunlich aus den Räten der Landdrosteien zu entnehmen" und das ganze Unterpersonal bis auf einen Sekretär zu einem für beide Behörden gemeinsamen zu machen. Es würde dies auf eine Aufhebung der Konsistorialverfassung um so mehr herausgekommen sein, als die Konsistorialgerichtsbarkeit bis auf die katholische Ehegerichtsbarkeit, an die man sich nicht wagte, die man jedoch unter die Oberinstanz des Oberappellationsgerichts stellen wollte, auf die Justizkanzleien übergehen sollte. Das unter dem Vorsitz des Kultusministers herzustellende Landeskonsistorium sollte nur den Zweck haben, mit seinen Gutachten und Anträgen in evangelischen Kirchen- und Schulsachen gehört zu werden, die theologischen Prüfungen abzuhalten und die Aufsicht über Prediger- und Schullehrerseminare zu führen. Die Landdrosteien, zukünftig in ein Plenum und zwei Abteilungen, eine für das Innere und eine Finanzabteilung, zerfallend, würden für alle nicht ausdrücklich ausgenommenen Zweige der inneren Staatsverwaltung zuständig geworden sein.

Am 24. Juni 1837 starb der letzte König von England aus dem hannoverschen Hause. Seine Nachfolgerin war nach englischem Thronfolgegesetze Victoria, indeß den königlich hannoverschen Thron nach salischem Gesetze nur ein männlicher Erbe besteigen durfte. Dieser war der Oheim Victoria's, der vierte Sohn Georg's III., Ernst August, und so fand die Personal-Union der beiden Königreiche nach 123 Jahren ihr Ende.

Die Stadt Hannover aber sah den Herzog von Cambridge scheiden und begrüßte am 28. Juni 1837 den neuen König in ihren Mauern, um damit in die Würde der königlichen Residenzstadt einzutreten.[38]

„Nach der Katastrophe von 1837" waren die Landdrosteien, ihrer domanialen Befugnisse gänzlich entkleidet, fortan nichts weiter als Preußische Regierungsabteilungen des Innern.

In Bezug auf das Personal bei der Landdrostei Hannover erging am 4. April 1839 ein Schreiben des Königlich-Hannoverschen Ministeriums des Innern an die Landdrostei:[39]

Wenngleich der Umfang der Geschäfte, welcher, nach Überweisung der bisher bei den Königlichen Landdrosteien bearbeiteten Domanial- und Forstsachen an die Königliche Domainen-Cammer, bei den verschiedenen Landdrosteien verbleiben wird, erst nach Verlauf einiger Zeit mit völliger Zuverlässigkeit sich wird übersehen lassen; so haben Seine Königliche Majestät jedoch im Interesse des Dienstes für angemessen erachtet, wegen Besetzung der Landdrosteien die erforderlichen Bestimmungen schon jetzt unter Vorbehalt der Änderungen zu treffen, welche nach den später zu sammelnden Erfahrungen in dem einen oder

---

[38] ARCHITEKTEN- UND INGENIEUR-VEREIN ZU HANNOVER (1882), S. 77. Das Königreich Hannover regierte ab 1837 bis 1851 Ernst August, Herzog von Cumberland. Es bestand weiter unter seinem Sohn Georg V. (machte liberale Maßnahmen von 1848 rückgängig), bis es in Folge der Bundeskrise 1866 zum Krieg und zur Besetzung Hannovers durch preußische Truppen kam. Nach der Schlacht von Langensalza am 29. Juni 1866 endete das Königreich Hannover, die Welfen wurden entthront und Hannover preußische Provinz.

[39] NLA-HStA Hannover Hann. 80 I A Nr. 5.

anderen Puncte zum Besten des Dienstes etwa als wünschenswerth sich darstellen möchten.

Was nun insonderheit die hiesige Königliche Landdrostei betrifft, so haben Seine Königliche Majestät 1) gnädigst beschlossen, daß, so wie bei jeder Landdrostei, so auch bei der hiesigen, der Bestimmung des §. 29. des Reglements vom 18. April 1823. gemäß, drei wirkliche Räthe fernerweit angestellt, daß aber übrigens, außer dem Regierungs=Rath Lueder, wie bisher, vier Votanten bei derselben vorhanden sein sollen.

Zugleich haben Allerhöchst dieselben den zeitigen Regierungs=Assessor Mehlis zum außerordentlichen Regierungs=Rath zu ernennen huldreichst geruhet.

Hiernächst haben

2) Seine Königliche Majestät eine Verminderung der Zahl der vermöge besonderen Auftrags aus dem Beamtenstande zugezogenen Hülfsarbeiter zwar für rathsam erachtet, beabsichtigen aber nicht, dieselben ganz von den Landdrosteien zu entfernen, halten vielmehr es für angemessen, daß einzelne jüngere Beamte auch künftig bei denselben vorübergehend beschäftigt werden. (...)

In dem grundlegenden Schreiben des Ministeriums an die allgemeine Ständeversammlung vom 1. Februar 1849 wurde bezüglich der Landdrosteien gesagt, die Polizeistrafsachen wären ihnen schon im vorigen Jahre entzogen; die Aufsicht über das Gerichtswesen würde ihnen mit der neuen Gerichtsverfassung entzogen werden, sonst aber wären sie im Wesentlichen zu belassen wie bisher. Es dürfte nicht die gesamte Finanz- und geistliche Verwaltung in ihnen konzentriert werden, wie man es früher nach preußischem Muster gewollt hätte. Nur die Verwaltung des Wasser- und Wegebaues, bisher im Ministerium angesiedelt, wäre auf sie zu übertragen. Hinsichtlich der Organisation war, wie aus der Rede des Ministerialvorstandes Dr. Carl Stüve in der zweiten Kammer am 8. März 1850 hervorgeht, nichts weiter in Aussicht genommen als einerseits nach holländisch-belgischem Muster die Bildung sachverständiger Deputationen mit beratender Stimme, einer Deputation aus Kaufleuten, Gewerbetreibenden und Schifffahrtskundigen und einer aus Landwirtschaftskundigen, die unter Mitwirkung der Gewerbe-, Handels- und Landwirtschafts-Vereine aus einer von den Provinzialständen aufzustellenden Liste von der Regierung gewählt werden sollten, andererseits eine Beschränkung der Kollegialität auf die sog. Administrativjustizsachen, d. h. auf solche Angelegenheiten, bei denen, wie bei Expropriationen, bei Ent- und Bewässerungen, bei der Militäraushebung gesetzliche oder Privatrechte Einzelner in Frage kämen, sodass in allen übrigen Sachen der Landdrost allein zu entscheiden haben sollte.[40]

Am 25. September 1852 wurde die Hannoversche Landdrosteiordnung zu

---

[40] MEIER (1899), S. 306, mit folgender Anmerkung: „Außer dem Schreiben vom 1. Februar 1849 der Entwurf einer Verordnung betr. die Einrichtung der Landdrosteien: die Verhandlungen in der ersten Kammer am 4. und 5. Dezember 1849, 8. April 1850, 6. Juni 1850; in der zweiten Kammer am 27. und 28. November 1849, 7., 8., 9. März 1850, 5. Juni 1850; das ständische Erwiderungsschreiben vom 11. Juni 1850."

Monbrillant gegeben,[41] die mit dem sich aus der späteren Gesetzgebung und Behörden-Organisation ergebenen Änderungen noch bis 1883 als Geschäftsordnung für den Landdrosten maßgebend war. Sie ließ alles beim Alten. Die Landdrosteien sollten sich zwar mit Landwirtschaftskundigen, mit Kaufleuten, Gewerbetreibenden und Schifffahrtskundigen in Verbindung setzen, aber die näheren Bestimmungen darüber blieben vorbehalten. Auch wurde ihnen ein Wegebaukundiger, ein Landbaukundiger, ein Medizinalbeamter, wo nötig auch ein Wasserbau-, Landesökonomie- und Forstbeamter beigeordnet, die jedoch ihre Besoldung aus dem Etat derjenigen Behörde erhielten, in welcher sie vorzugsweise beschäftigt waren.

Der Aufgabenkreis wurde dahingehend festgelegt, dass die Landdrosten die gesamte öffentliche Verwaltung wahrzunehmen hatten, soweit diese nicht anderen Behörden überwiesen war.

Die Verordnung trat mit dem 1. Oktober 1852 in Kraft und setzte die Landdrostei-Ordnung vom 18. April 1823 und „alle der gegenwärtigen Verordnung widersprechenden Vorschriften" außer Kraft.

Auch nahmen sich die Landdrosteien der Chausseegeldhebung an, wie die „Lüneburgschen Anzeigen 94. Stück, den 26. November 1853" ausweisen:

Bekanntmachung.
(Verpachtung einer Chausseegeldhebung betreffend.)

Es wird hiedurch bekannt gemacht, daß die Chausseegeldhebung und das dazu erbaute, der Chausseeverwaltung gehörende Gebäude nebst Zubehör zu Müggenburg, Amts Celle,[42] an der Hannover = Celler Chaussee unter den zu dem Ende festgestellten Bedingungen am

Donnerstag den 15ten December d. J.

öffentlich meistbietend verpachtet werden soll.

Pachtlustige wollen dazu am genannten Tage, Morgens 10 Uhr, im Wirthshause zu Müggenburg sich anfinden.

Die Bedingungen werden im Termine publicirt werden, können jedoch auch vorher sowohl bei der unterzeichneten Behörde als auch bei der Königlichen Wegbau = Inspection zu Celle eingesehen, auch Abschriften davon, gegen Erlegung der Copialien, erlangt werden; nicht weniger wird die letztere etwa gewünschte weitere Nachrichten auf Ersuchen mittheilen.

Schriftliche Gebote können vor dem angesetzten Termine, unter Nachweis der Fähigkeit zur Beschaffung der verlangten Caution von 400 Thalern, bei der Königlichen Wegbau=Inspection zu Celle eingereicht werden.

Lüneburg, den 24sten November 1853.
Königlich Hannoversche Landdrostei.
G. L. v. Torney.

---

[41] Hannoversche Gesetz-Sammlung S. 347.

[42] Einständiger Hof im Süden der Gemeinde Adelheidsdorf, der bereits im Ausklang des Spätmittelalters erwähnt wurde. Bei diesem Hof handelt es sich um das älteste Gebäude im Bereich des herrschaftlichen Großen oder Müggenburger Moores. Erstmalig wurde er als „Muggenborch" urkundlich am 21. September 1466 genannt. In einem Schreiben vom 29. Mai 1603 war erstmals von einem Krug bei der Müggenburg die Rede. Der Gastwirt (Krüger) hatte Zoll und Weggeld für den Celler Herzog einzunehmen. Am 28. Juli 1921 brannte die Müggenburg nieder. [BLAZEK (2011), S. 109.]

Alphabetisches Verzeichniß

der

von der Königlichen Landdrostei

zu Hannover

vom 15. Mai 1823 bis ult. December 1845

erlassenen Ausschreiben.

Angefertigt

vom

Landdrostei = Registrator A. Weyrich.

Hannover, 1846.

Gedruckt in der Königlichen Hofbuchdruckerei bei E. A. Telgener.

40

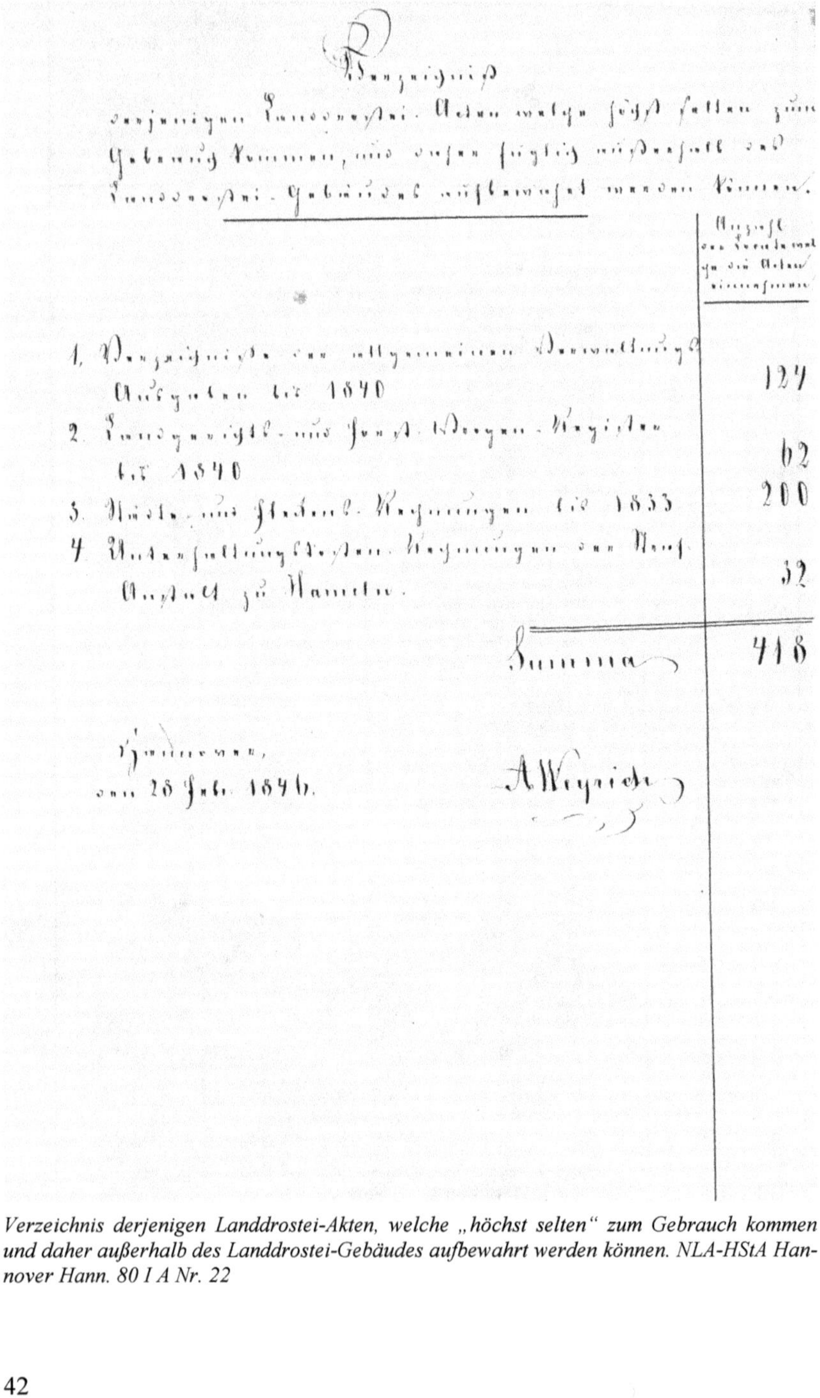

Verzeichniß derjenigen Landdrostei-Acten welche höchst selten zum Gebrauch kommen, und daher füglich außerhalb des Landdrostei-Gebäudes aufbewahrt werden können.

1. Verzeichniße der allgemeinen Verwaltungs Ausgaben bis 1840	124
2. Landgerichts- und Forst-[illegible]-Register bis 1840	62
3. Städte- und Flecken-Rechnungen bis 1833	200
4. Unterhaltungskosten-Rechnungen der Straf-Anstalt zu Hameln	32
Summa	418

Hannover, den 28 Febr. 1846.

A Weyrich

Verzeichnis derjenigen Landdrostei-Akten, welche „höchst selten“ zum Gebrauch kommen und daher außerhalb des Landdrostei-Gebäudes aufbewahrt werden können. NLA-HStA Hannover Hann. 80 I A Nr. 22

Auf Befehl Seiner Majestät des Königs soll geprüft werden, ob und inwieweit es thunlich sein werde, allgemeine Anordnungen zur Versorgung der Hinterbliebenen derjenigen Angestellten zu treffen, welche der unteren Dienerschaft angehören, und vermöge ihrer Stellung und Einnahme weder zur Theilnahme an der Hof- und Civildiener-Wittwencasse, noch zu der an einer anderen Wittwencasse berufen sind.

Da Wir nun zu diesem Zwecke Nachweisungen über die Dienstnahme, das Geburtsjahr und die Familien-Verhältnisse der in die obige Kategorie gehörenden Angestellten Unseres Verwaltungs-Bezirks vorzulegen haben, so beauftragen Wir die Königlichen Aemter und die Königliche Polizei-Direction hieselbst, das dazu erforderliche Material in Betreff der ihnen untergeordneten, bei der Hof- und Civildiener-Wittwencasse nicht aufnahmefähigen Unterbeamten Uns zu liefern.

Es hat dieses unter Benutzung des angeschlossenen Schemas zu geschehen, wobei Wir bemerken, daß Personen, welche nur vorübergehend mit Geschäften beauftragt, oder welche ohne Anstellung zu untergeordneten Dienstleistungen nur vertragsmäßig angenommen sind, nicht mit aufzunehmen, daß dagegen Dienststellen, mit welchen regelmäßig eine feste Diensteinnahme verbunden ist, welche aber zur Zeit nicht, oder doch nicht unter Bewilligung einer festen Diensteinnahme besetzt sind, in den Nachweisungen mit aufzuführen sind, unter Bemerkung der bei der Besetzung voraussichtlich damit zu verbindenden Diensteinnahme.

Hannover, den 19. Januar 1855.

Königlich-Hannoversche Landdrostei.

v. Dachenhausen.

An
die Königlichen Aemter des Landdrostei-Bezirks
Hannover und die Königliche Polizei-
Direction hieselbst.

NLA-HStA Hannover Hann. 74 Hannover Nr. 148-149

Im Deutschen Krieg von 1866 wahrte das Königreich Hannover Bundestreue und wurde somit wider Willen auf die Seite Österreichs und der süddeutschen Staaten gedrängt. Hannover wurde preußische Provinz. Die übrigen niedersächsischen Länder, Braunschweig, Oldenburg und Schaumburg-Lippe, waren klug genug, ihre Neutralität zu verkünden, um so den Deutschen Krieg unbeschadet zu überstehen. Nach der Annexion Hannovers blieben die Landdrosteien zunächst bestehen, obwohl die preußische Staatsführung in allen anderen ab 1815 erworbenen Gebieten die Verwaltung auf der mittleren Ebene unverzüglich nach dem „altpreußischen" Vorbild umgeformt hatte. Ursache war der Widerstand aller Kreise der Bevölkerung gegen Graf Bismarcks Pläne, Hannover auf drei Provinzen aufzuteilen.[43]

Hannover erhält preußische Provinzialverfassung

1867 wurde die preußische Provinzialverfassung eingeführt, die eine Gliederung in Regierungsbezirke und Kreise vorsah. Die damaligen Kreisgrenzen erinnern in einigen Bereichen an jene nach der Gebietsreform von 1974-77. Die Landdrostei Hannover erhielt die Kreise Diepholz, Hoya, Nienburg, Linden, Hannover, Wennigsen und Hameln. Die Landdrostei Hildesheim wurde in die Kreise Hildesheim, Marienburg und Liebenburg unterteilt.

Die „Verordnung, betreffend die Ausdehnung der Preußischen Disciplinargesetze auf die Beamten in den neu erworbenen Landestheilen" datiert vom 23. September 1867.[44] In der Präambel heißt es:

Wir Wilhelm, von Gottes Gnaden König von Preußen x.

verordnen für die durch das Gesetz vom 20. September 1866. (Gesetz=Samml. S. 555.) und die Gesetze vom 24. Dezember 1866. (Gesetz=Samml. S. 875. 876.) mit Unserer Monarchie vereinigten Landestheile, mit Ausnahme des vormaligen Amtsbezirks Meisenheim und der Enklave Kaulsdorf, auf den Antrag Unseres Staatsministeriums, was folgt:

(...)

Artikel IV.

Zu den Provinzialbehörden gehören im Sinne des §. 24. Nr. 2. des Gesetzes vom 21. Juli 1852. im Gebiete des vormaligen Königreichs Hannover und in den Herzogthümern Holstein und Schleswig auch diejenigen unmittelbar unter den Ministerien, beziehungsweise unter der Oberpräsidenten stehenden Behörden, denen die in den älteren Provinzen den Regierungen übertragenen Geschäfte ganz oder zum Teil obliegen.

Bei Anwendung der §§. 25. und 78. desselben Gesetzes tritt im Gebiete des vormaligen Königreichs Hannover, so lange dort Landdrosteien bestehen, an die Stelle der Regierung die Landdrostei, an die Stelle des Präsidenten der Regierung der Landdrost.

(...)

---

[43] BEZIRKSREGIERUNG HANNOVER (1985), o. S.
[44] Gesetz-Sammlung für die Königlichen Preußischen Staaten. Nr. 101.

Diese Verordnung, gegeben zu Baden-Baden am 23. September 1867, umfasste insgesamt neun Artikel.

In der Sitzung des Abgeordnetenhauses vom 18. Januar 1868 „haben hervorragende Hannoversche Mitglieder" bei der Vorberatung des Staatshaushaltsetats die Ansicht vertreten, die sechs Landdrosteien zu einer einzigen Behörde für die Provinz zu verschmelzen.[45]

Hannover, den 24. Juni 1868.

Die nachstehende

Bekanntmachung:

Nachdem durch das Gesetz vom 29. Februar d. J. — Ges. S. S. 169 — die Staatsschulden des vormaligen Königreichs Hannover als Staatsschulden der Preußischen Monarchie übernommen und der Hauptverwaltung der Staatsschulden in Berlin zur Verwaltung überwiesen sind, ist in Ausführung des Gesetzes vom Herrn Finanzminister bestimmt worden, daß das Schatz-Collegium als solches nunmehr seine Thätigkeit einstelle. Die Geschäfte des seitherigen Schatz-Collegiums werden demgemäß in Zukunft von der Hauptverwaltung der Staatsschulden entweder direct oder durch Vermittelung des Ober-Präsidiums hierselbst wahrgenommen werden. Insbesondere übernimmt letzteres die Verwaltung der Bücher und Documente, sowie den Correspondenz- und Geschäftsverkehr mit den betreffenden Staatsgläubigern. Die Ausfertigungen erfolgen dabei unter der Firma des Ober-Präsidiums entweder mit der Unterschrift des Ober-Präsidenten oder eines von demselben beauftragten Beamten. Briefe und andere Sendungen in Angelegenheiten der Hannoverschen Staatsschuld, soweit diese Sendungen nicht direct an die Kasse zu schicken sind, müssen an das Königliche Ober-Präsidium in Hannover gerichtet und mit dem Worte „Staatsschulden-sache" auf der Adresse kenntlich gemacht werden.

Die Geschäftsräume für die hier zu erledigenden Angelegenheiten der ehemaligen Hannoverschen Staatsschulden befinden sich in den bisherigen Lokalien des vormaligen Schatz-Collegiums.

Hannover, den 12. Juni 1868.

Der Ober-Präsident der Provinz Hannover.
(gez.) *Otto Graf zu Stolberg.*

bringen wir den Obrigkeiten hierdurch mit der Aufforderung zur Kenntniß, für sachdienliche Kundmachung derselben Sorge zu tragen.

Königlich Preußische Landdrostei.
v. Leipziger.

An
die Obrigkeiten des Landdrosteibezirks Hannover.

№. 9183.

---

[45] MEIER (1899), S. 307, mit folgender Anmerkung: „Die Verhandlungen über die Hannoversche Behördenorganisation beim Etat des Finanzministeriums am 14. und 16. Dezember 1867, beim Etat des Ministeriums des Innern am 14., 15., 18. und 20. Januar 1868; bei der Schlußberatung am 14. und 15. Februar 1868. Im Herrenhause ist die Frage am 21. Februar 1868 nur gestreift."

Adolf Hilmar von Leipziger wurde 1868 Landdrost in Hannover. Geboren wurde er am 7. Februar 1825 in Bitterfeld/Sachsen. Seine Eltern waren Geheimer Regierungsrat, Landrat Moritz Georg von Leipziger und Tekla Adolfine, geborene von Schmitz. Er studierte Rechts- und Kameralwissenschaften an der Ruprecht-Karls-Universität Heidelberg und wurde 1843 Mitglied des Corps Guestphalia Heidelberg). 1846 wurde er Auskultator, 1848 Referendar und 1852 Gerichtsassessor. 1853 trat er als Regierungsassessor in den Verwaltungsdienst. 1854 wurde er Landrat des Kreises Oschersleben, 1864 Polizeipräsident von Königsberg i. Pr., 1868 Landdrost in Hannover und 1872 Regierungspräsident des Regierungsbezirks Aachen. Am 10. Oktober 1882 wurde er zum Wirklichen Geheimen Rat mit dem Titel Exzellenz ernannt.

Als Nachfolger von Botho zu Eulenburg (1831-1912) war er von 1878 bis 1888 Oberpräsident der preußischen Provinz Hannover. 1888 wurde er als Nachfolger von Adolf Ernst von Ernsthausen (1827-1894) zum Oberpräsident der Provinz Westpreußen berufen. In dieser Funktion war er zugleich stellvertretender Präsident der Preußischen Ansiedlungskommisison in Posen.[46] Dr. iur. h. c. von Leipziger starb am 22. April 1891 in Danzig an einem geplatzten Aneurysma und wurde auf seinem Rittergut Niemegk in der Provinz Sachsen beigesetzt.[47]

Zum 1. April 1871 wurden die Landbausachen von der Finanzdirektion an die Landdrostei übertragen. Gleichzeitig wurde die Wasserbaudirektion aufgehoben und ihr Aufgabenbereich ebenfalls der Landdrostei zugewiesen.

Im Handbuch für die Provinz Hannover auf das Jahr 1874 wurden die Landdrosteien wie folgt beschrieben:

Die Landdrosteien haben, als Landes=Polizeibehörden, in ihrem Bezirke die gesammte öffentliche Verwaltung in höherer Instanz zu führen, soweit sie nicht anderen Behörden überwiesen ist, letztere in ihrer Thätigkeit zu unterstützen und überhaupt das Gemeinwohl nach Kräften zu fördern.

Sie stehen in den zu ihrem Wirkungskreise gehörenden Angelegenheiten unter den zuständigen Ministerien und dem Ober=Präsidium, hinsichtlich der allgemeinen Dienstaufsicht und Disziplinargewalt unter dem Ministerium des Innern.

Ihrer allgemeinen Dienstaufsicht und Disziplinargewalt sind unterworfen:

die Angestellten bei den Aemtern und den Königlichen Polizei=Direktionen,
die Gemeinde=Beamten,
die Kreis=Baubeamten und deren Untergebene,
die Legge=Beamten,
die Angestellten bei denjenigen gewerblichen Lehr=Anstalten und Medizinalanstalten des Staats, deren Verwaltung nicht anderen Behörden überwiesen ist.

Zum Wirkungskreise der Landdrosteien gehören nach näherer Bestimmung der betreffenden Gesetze und sonstigen Vorschriften folgende Gegenstände:

---

[46] BLAZEK (2012), S. 74.
[47] Academische Monatshefte 8 (1891/92), S. 94 f. (Nachruf).

Hoheitssachen,
Militärsachen,
Gemeinde=Verwaltung der selbstständigen Städte und der Landgemeinden,
das jüdische Synagogen= und Schulwesen,
Polizei (Sicherheits=, Ordnungs=, Sitten=, Gesundheits=, Feuer=, Bau=, Ge-
werbe=, Wege=, Wasser=, Deich= und landwirthschaftliche Polizei),
landwirthschaftliche Meliorationssachen,
Angelegenheiten der Landstraßen und Gemeindewege,
Verwaltung der Staats=Chausseen, der Staats=Wasserbauten und, soweit sie
zur allgemeinen Staats=Verwaltung gehören, der Staats=Hochbauten,
Verwaltung der Staats=Leggeanstalten, sowie derjenigen gewerblichen
Lehr=Anstalten und Medizinal=Anstalten des Staats, welche nicht anderen Be-
hörden überwiesen sind.

Die Hannoversche Landdrostei=Ordnung vom 25. September 1852 ist,
mit den aus der späteren Gesetzgebung und Behörden=Organisation sich erge-
benden Aenderungen, als Geschäftsordnung für die Landdrosteien noch gegen-
wärtig maßgebend.

Die Landdrostei zu Hannover zählte zu der Zeit 50113 Wohnhäuser und 404996
Einwohner in sieben Kreisen mit neun selbstständigen Städten und 18 Ämtern
bei einer Fläche von 105,94 Quadratmeilen (578260 Hektar).

Der Geschäftskreis umfaßt: Das Fürstenthum Calenberg und die Graf-
schaft Hoya größtentheils, die Grafschaft Diepholz, auch den im Lüne-
burg'schen belegenen, dem Amte Hannover einverleibten und dem Königl. Fis-
kus gehörigen Theil des sog. Ahlter Waldes, sowie die dem Amte Syke zugetheil-
ten und im Herzogthum Bremen belegenen Weser=Inseln Wietsand und Korbin-
sel.

Die Landdrostei hält Dienstag und Freitag Vormittags ihre Sitzungen Ca-
lenbergerstraße Nro. 34.

Als die Pläne für eine Reorganisation auch der altpreußischen Regierungen
1879/80 in ein akutes Stadium traten, formierte sich in der Provinz Hannover
nur noch Widerstand gegen die Reduzierung der Zahl der mittelinstanzlichen
Verwaltungsbehörden, die Umwandlung der Landdrosteien in Bezirksregierungen dagegen wurde allgemein akzeptiert. Argumentiert wurde vor allem damit,
dass im Falle einer Reduktion Räume sehr verschiedener geschichtlicher Tradi-
tion und wirtschaftlicher Interessen zu verschmelzen wäre.[48]

Im Jahre 1880 wurden im Gefolge der Gewerbeordnung von 1869 Fabrikinspek-
toren bei den Landdrosteien als Gewerberäte und technische Hilfsarbeiter einge-
stellt; sie hatten aber kein Stimmrecht. Erst 1891 wurden sie zu Regierungs- und
Gewerberäten mit Stimmrecht ernannt; die Bezirksregierungen sind seitdem
formell für die Gewerbeaufsicht zuständig.[49]

---

[48] POESTGES (1985), S. 2.
[49] BEZIRKSREGIERUNG HANNOVER (1985), o. S.

Das Landesverwaltungsgesetz vom 30. Juli 1883

Das auch für die westlichen Provinzen geltende Gesetz über die allgemeine Landesverwaltung vom 30. Juli 1883 brachte – zusammen mit der Kreisordnung des folgenden Jahres – die volle Eingliederung der Provinz Hannover in den preußischen Staat. Es hatte verschiedene Schwerpunkte: Beibehaltung der sechs Landdrosteibezirke als Regierungsbezirke, jedoch Organisation der Regierungen teilweise nach dem Vorbild der Stralsunder Regierung, Aufhebung der katholischen Konsistorien und Übertragung der Volksschulsachen auf die Regierungen (§ 26 des Landesverwaltungsgesetzes).

Gesetz=Sammlung

für die

Königlichen Preußischen Staaten.

– Nr. 25. –

Inhalt: Gesetz über die allgemeine Landesverwaltung, S. 195. – Gesetz über die Zuständigkeit der Verwaltungs= und Verwaltungsgerichtsbehörden, S. 237.

(Nr. 8951.) Gesetz über die allgemeine Landesverwaltung. Vom 30. Juli 1883.

Wir Wilhelm, von Gottes Gnaden König von Preußen x.

verordnen, mit Zustimmung beider Häuser des Landtags, für den gesammten Umfang der Monarchie, was folgt:

Erster Titel.

Grundlagen der Organisation.

§. 1.

Die Verwaltungseintheilung des Staatsgebiets in Provinzen, Regierungsbezirke und Kreise bleibt mit der Maßgabe bestehen, daß die Stadt Berlin aus der Provinz Brandenburg ausscheidet und einen Verwaltungsbezirk für sich bildet.[50]

§. 2.

In der Provinz Hannover bleiben die Landdrosteibezirke als Regierungsbezirke bestehen.

Die Abänderung der Kreis= und Amtseintheilung der Provinz Hannover erfolgt mittels besonderen Gesetzes.

---

[50] H. Brüning, Oberbürgermeister in Osnabrück und Mitglied des Herrenhauses, führte in seinem Werk „Die Preußische Verwaltungs-Gesetzgebung für die Provinz Hannover nebst den Hannoverschen Gemeindeverfassungsgesetzen" (Hannover 1886) erläuternd an: § 1. Die Provinzen bezw. Regierungsbezirke sind: Ostpreußen (Königsberg, Gumbinnen), Westpreußen (Danzig, Marienwerder), Berlin, Brandenburg (Potsdam, Frankfurt a. O.), Pommern (Stettin, Köslin, Stralsund), Posen (Posen, Bromberg), Schlesien (Breslau, Liegnitz, Oppeln), Sachsen (Magdeburg, Merseburg, Erfurt), Schleswig-Holstein (Schleswig), Hannover (Hannover, Hildesheim, Lüneburg, Stade, Osnabrück, Aurich), Westfalen (Münster, Minden, Arnsberg), Hessen-Nassau (Kassel, Wiesbaden), Rheinprovinz (Koblenz, Düsseldorf, Köln, Trier, Aachen), Hohenzollern.

§. 3.

Die Geschäfte der allgemeinen Landesverwaltung werden, soweit sie nicht anderen Behörden überwiesen sind, unter Oberleitung der Minister, in den Provinzen von den Oberpräsidenten, in den Regierungsbezirken von den Regierungspräsidenten und den Regierungen, in den Kreisen von den Landräthen geführt.

Die Oberpräsidenten, die Regierungspräsidenten und die Landräthe handeln innerhalb ihres Geschäftskreises selbstständig unter voller persönlicher Verantwortlichkeit, vorbehaltlich der kollegialischen Behandlung der durch die Gesetze bezeichneten Angelegenheiten.

§. 4.

Zur Mitwirkung bei den Geschäften der allgemeinen Landesverwaltung nach näherer Vorschrift der Gesetze bestehen für die Provinz am Amtssitze des Oberpräsidenten der Provinzialrath, für den Regierungsbezirk am Amtssitze des Regierungspräsidenten der Bezirksausschuß, für den Kreis am Amtssitze des Landraths der Kreisausschuß.

(...)

II. Abschnitt.

Bezirksbehörden.

1. Regierungspräsident und Bezirksregierung.

§. 17.

An die Spitze der Bezirksregierung am Sitze des Oberpräsidenten tritt, unter Wegfall des Regierungsvizepräsidenten, ein Regierungspräsident. Der Oberpräsident ist fortan nicht mehr Präsident dieser Regierung.

§. 18.

Die Regierungsabtheilung des Innern wird aufgehoben. Die Geschäfte derselben werden, soweit nicht durch das gegenwärtige Gesetz abweichende Bestimmungen getroffen sind, von dem Regierungspräsidenten mit den der Regierung zustehenden Befugnissen verwaltet.

§. 19.

Dem Regierungspräsidenten wird für die ihm persönlich übertragenen Angelegenheiten ein Oberregierungsrath und die erforderliche Anzahl von Räthen und Hülfsarbeitern, von denen mindestens einer die Befähigung zum Richteramte haben muß, beigegeben, welche die Geschäfte nach seinen Anweisungen bearbeiten.

Diese Beamten können zugleich bei der Regierung beschäftigt werden und nehmen an den Plenarberathungen derselben nach Maßgabe der für die Regierungsmitglieder bestehen Vorschriften Theil.

Die Mitglieder der Regierung können von dem Regierungspräsidenten zur Bearbeitung der ihm übertragenen Geschäfte herangezogen werden.

§ 20.

Die Stellvertretung des Regierungspräsidenten in Fällen der Behinderung erfolgt durch den ihm beigegebenen Oberregierungsrath und, wenn auch dieser behindert ist, durch einen Oberregierungsrath der Bezirksregierung. Die zuständigen Minister sind befugt, in besonderen Fällen eine andere Stellvertretung anzuordnen.

§. 21.

Die Geschäfte der Regierungen zu Stralsund und zu Sigmaringen, soweit sie zur Zuständigkeit der Regierungsabtheilungen des Innern gehören, werden nach Maßgabe des §. 18 von den Regierungspräsidenten verwaltet. Die Mitglieder der Regierung bearbeiten diese Geschäfte nach den Anweisungen des Präsidenten.

Die Stellvertretung des Präsidenten in Fällen der Behinderung erfolgt durch ein von den zuständigen Ministern beauftragtes Mitglied der Regierung.

§. 22.

Bei den Regierungen zu Danzig, Erfurt, Münster, Minden, Arnsberg, Coblenz, Cöln, Aachen und Trier tritt an die Stelle der Abtheilung des Innern für die bisher von derselben bearbeiteten Kirchen= und Schulsachen eine Abtheilung für Kirchen= und Schulwesen.

§. 23.

Die landwirthschaftlichen Abtheilungen der Regierungen zu Königsberg und Marienwerder, sowie die bei den Regierungen der Provinzen Ost= und Westpreußen und zu Schleswig bestehenden Spruchkollegien für die landwirthschaftlichen Angelegenheiten werden aufgehoben. Die Zuständigkeiten dieser Behörden, sowie diejenigen der Abtheilungen des Innern der Regierungen zu Gumbinnen, Danzig und Schleswig als Auseinandersetzungsbehörden gehen auf Generalkommissionen (§. 16) über.

Bei der Regierung zu Wiesbaden tritt an die Stelle der Abtheilung des Innern als Auseinandersetzungsbehörde ein Kollegium, welches aus dem Regierungspräsidenten, dem für ihn hierzu bestimmten Stellvertreter und mindestens zwei Mitgliedern besteht, von denen das eine die Befähigung zum Richteramte besitzen und der landwirthschaftlichen Gewerbslehre kundig sein, das andere die Befähigung zum Oekonomiekommissarius haben muß. Von diesem Kollegium sind auch die Obliegenheiten der Regierung hinsichtlich der Güterkonsolidationen wahrzunehmen.

§. 24.

Der Regierungspräsident ist befugt, Beschlüsse der Regierung oder einer Abtheilung derselben, mit welchen er nicht einverstanden ist, außer Kraft zu setzen und, sofern er den Aufenthalt in der Sache für nachtheilig erachtet, auf seine Verantwortung anzuordnen, daß nach seiner Ansicht verfahren werde. Andernfalls ist höhere Entscheidung einzuholen.

Auch ist der Regierungspräsident befugt, in den zur Zuständigkeit der Regierung

gehörigen Angelegenheiten an Stelle des Kollegiums unter persönlicher Verant-
wortlichkeit Verfügungen zu treffen, wenn er die Sache für eilbedürftig oder, im
Falle seiner Anwesenheit an Ort und Stelle, eine sofortige Anordnung für erfor-
derlich erachtet.

§. 25.

In der Provinz Hannover treten an die Stelle der Landdrosteien und der Finanz-
direktion sechs Regierungspräsidenten und Regierungen, welche, gleich dem
Oberpräsidenten, die Verwaltung mit den Befugnissen und nach den Vorschrif-
ten führen, welche dafür in den übrigen Provinzen gelten, beziehungsweise in
dem gegenwärtigen Gesetz gegeben sind.

Welche der vorbezeichneten Regierungen nach dem Vorbild der Regierung zu
Stralsund zu organisiren sind, bleibt Königlicher Verordnung vorbehalten.

§. 26.

Die Zuständigkeiten der Konsistorialbehörden in der Provinz Hannover in
Betreff des Schulwesens, sowie die kirchlichen Angelegenheiten, welche bisher
zum Geschäftskreise der katholischen Konsistorien zu Hildesheim und Osna-
brück gehörten, werden den Abtheilungen für Kirchen= und Schulwesen der
betreffenden Regierungen überwiesen.

Die genannten katholischen Konsistorien werden aufgehoben.

§. 27.

Den evangelischen Konsistorialbehörden in der Provinz Hannover verbleiben,
bis zur anderweitigen gesetzlichen Regelung, in Kirchensachen ihre bisherigen
Zuständigkeiten.

2. Bezirksausschuß.

§. 28.

Der Bezirksausschuß besteht aus dem Regierungspräsidenten als Vorsitzenden
und aus sechs Mitgliedern.

Zwei dieser Mitglieder, von denen eins zum Richteramte, eins zur Bekleidung
von höheren Verwaltungsämtern befähigt sein muß, werden vom Könige auf Le-
benszeit ernannt. Aus der Zahl dieser Mitglieder ernennt der König gleichzeitig
den Stellvertreter des Regierungspräsidenten im Vorsitze mit dem Titel Verwal-
tungsgerichtsdirektor. Zur sonstigen Stellvertretung des Regierungspräsidenten
im Bezirksausschusse und zur Stellvertretung jedes der beiden auf Lebenszeit
ernannten Mitglieder ernennt der König ferner aus der Zahl der am Sitze des
Bezirksausschusses ein richterliches oder ein höheres Verwaltungsamt beklei-
denden Beamten einen Stellvertreter. Die Ernennung der Stellvertreter erfolgt
auf die Dauer ihres Hauptamts am Sitze des Bezirksausschusses.

Die vier anderen Mitglieder des Bezirksausschusses werden aus den Einwoh-
nern seines Sprengels durch den Provinzialausschuß gewählt. In gleicher Weise
wählt letzterer vier Stellvertreter, über deren Einberufung das Geschäftsregula-
tiv bestimmt.

Wählbar ist mit Ausnahme des Oberpräsidenten, der Regierungspräsidenten, der Vorsteher Königlicher Polizeibehörden, der Landräthe und der Beamten des Provinzialverbandes jeder zum Provinziallandtage wählbare Angehörige des Deutschen Reichs. Mitglieder des Provinzialraths können nicht Mitglieder des Bezirksausschusses sein.

(...)

Über die Zuständigkeiten des Regierungspräsidenten im Einzelnen führte dann das „Gesetz über die Zuständigkeit der Verwaltungs- und Verwaltungsgerichtsbehörden" vom 1. August 1883 aus.[51]

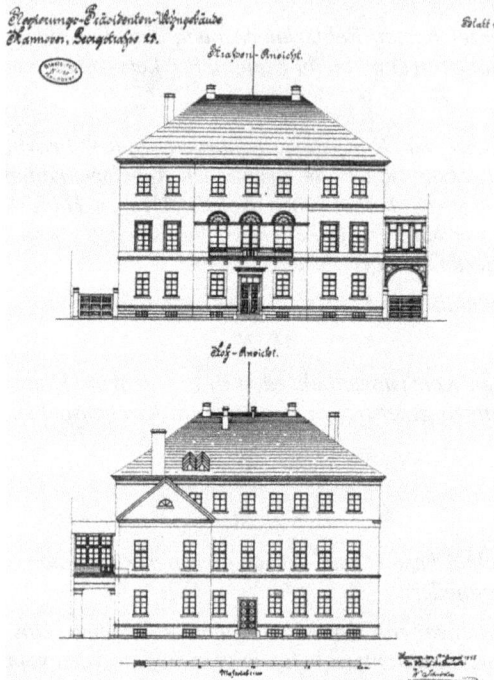

Das Wohngebäude des Regierungspräsidenten im Haus Georgstraße 23 (NLA-HtStA Hannover 13c/Hannover 46 1 pm)

[51] H. Brüning, Oberbürgermeister a. D., hierzu 1884 im Vorwort zu seinem Buch „Die Preußische Verwaltungs-Gesetzgebung für die Provinz Hannover nebst den Hannoverschen Gemeindeverfassungsgesetzen" (3., bedeutend vermehrte Auflage, Verlag von Carl Meyer (Gustav Prior) Hannover-List, Berlin 1906): „Das Zuständigkeitsgesetz vom 1. August 1883 ist in seinen Bestimmungen für Stadtgemeinden und Landgemeinden nicht verständlich, wenn man deren in der Provinz Hannover geltenden Verfassungsgesetze nicht unmittelbar zur Hand hat und umgekehrt jede ältere Ausgabe oder eine Textausgabe dieser letzteren Gesetze würde zu steten Verstößen und Irrungen Anlaß geben, sofern nicht in derselben durch Anmerkungen Bestimmung für Bestimmung mit dem Zuständigkeitsgesetze in Einklang gebracht ist. Ein flüchtiger Blick in den Abdruck der Städteordnung oder der Landgemeindeordnung in dieser Ausgabe ergiebt, daß verhältnismäßig nur wenige Bestimmungen derselben durch die neue Verwaltungsgesetzgebung vollständig unberührt bleiben."

52

Das Wohngebäude des Regierungspräsidenten befand sich in der Georgstraße 23 in Hannover. Davon geben vier Zeichnungen des Königlichen Baurats und Kreisbauinspektors W. Schröder, Inhaber des „Roten Adler-Ordens 4. Klasse" und des „Eisernen Kreuzes 2. Klasse", aus dem Jahre 1895 Zeugnis (Abbildung vorige Seite). Das 1829 von Landbau-Verwalter Carl Georg Schuster errichtete Haus wurde im Jahre 1912 abgebrochen.[52]

Mit Inkrafttreten des Gesetzes über die allgemeine Landesverwaltung in der Provinz Hannover am 1. Juli 1885 nahm die Bezirksregierung Hannover ihre Arbeit auf. Erst 19 Jahre nach der Annexion Hannovers durch Preußen war die neue Provinz verwaltungsmäßig völlig integriert worden. Das Gesetz wurde erst mit dem Achten Gesetz zur Verwaltungs- und Gebietsreform vom 28. Juni 1977 aufgehoben.

Mit der Bestimmung, dass die Landdrosteibezirke als Regierungsbezirke bestehen bleiben sollten, war auch entschieden, dass die Reduzierungspläne der Zeit nach 1866 zumindest fürs Erste aufgegeben worden waren. Hannover hatte nun mehr Regierungen als die anderen preußischen Provinzen. Das war eine nicht gering zu schätzende Konzession der sparsamen Staatsregierung, wenn man bedenkt, dass die hannoverschen Regierungsbezirke im Durchschnitt wesentlich kleiner waren als die der östlichen und eine viel geringere Einwohnerzahl hatten als die der anderen westlichen Provinzen. Organisiert wurde die Regierung Hannover nach dem Vorbild der Mehrheit der preußischen Regierungen, die in die Abteilungen Inneres, Kirchen und Schulen sowie direkte Steuern, Domänen und Forsten gegliedert waren. Sie übernahm damit nicht nur die Kompetenzen der vorherigen Landdrostei, sondern auch die der Finanzdirektion und des katholischen Konsistoriums, sowie der evangelischen Konsistorialbehörden, soweit es sich um Schulangelegenheiten handelte. Mit zwei Neuerungen musste sich der frühere Landdrost und zukünftige Regierungspräsident Adolf von Cranach gleich vertraut machen. Mit Inkrafttreten des Gesetzes wurde auch teilweise das Präfektursystem eingeführt: Die Abteilung des Inneren wurde dem Regierungspräsidenten übertragen; außerdem war der Regierungspräsident jetzt – ähnlich wie es im Königreich Hannover der Landdrost gewesen war – befugt, Beschlüsse der anderen Abteilungen zu suspendieren und „höhere Entscheidung einzuholen". Die schon erwähnte Einführung einer unabhängigen Verwaltungsgerichtsbarkeit verschaffte dem Regierungspräsidenten den Vorsitz im Bezirksausschuss, dem neuen Verwaltungsgericht, von dessen Mitgliedern die Mehrzahl von den Einwohnern des Sprengels gewählt wurde.[53]

Der Regierungsbezirk Hannover war zu jener Zeit 5717 Quadratkilometer groß und zählte 458672 Einwohner.

Durch § 25 des Landesverwaltungsgesetzes waren die Landdrosteien in preußische Regierungen unter einem Regierungspräsidenten umgewandelt worden.[54]

---

[52] NLA-HStA Hannover 13c Hannover 46 (Beamtenwohnungen) 1 pm; Maßstab: 1:100.

[53] POESTGES (1985), S. 6.

[54] Die Behörde des Regierungspräsidenten leitet in Preußen ihre Existenz aus der Stein-Hardenberg'schen Reformgesetzgebung 1808/15 her. Das Werk Steins bezweckte, die Errungenschaften der französischen Revolution dem damaligen preußischen Staat nutzbar zu ma-

Diese Mittelinstanzen der allgemeinen und inneren Verwaltung erwiesen sich auch in ihrer für Hannover neuen Organisationsform als so zweckmäßig, dass sie die Verfassung des Freistaates Preußen vom 30. November 1920[55] sowie das Staatsrecht zwischen 1933 und 1945 überdauert haben.

Die Verwandlung in einen Regierungsbezirk kam ohne wesentliche Gebietsveränderung aus, wenn man von kleinen Grenzabtretungen an die Regierungsbezirke Hildesheim (der östliche Teil des alten Amtes Lauenstein kam zu den Kreisen Gronau und Alfeld) und Stade (das Amt Westen kam an den Kreis Verden) einmal absieht.[56]

Kennzeichnend für die weitere Entwicklung der Bezirksregierung ist, dass ihr über die reinen Aufsichtsfunktionen der Vergangenheit hinaus in zunehmendem Maße neue Verwaltungsaufgaben zufielen. Zunächst brachte die Gewerbe- und Sozialgesetzgebung um die Jahrhundertwende ein erstes deutlich spürbares Anwachsen der Verwaltungstätigkeit. Es setzte sich in der Zeit des Ersten Weltkrieges sowie der Nachkriegs- und Inflationszeit dadurch fort, dass neue Versorgungs- und Sozialaufgaben auf die Regierung zukamen.[57]

Preußen konnte sich trotz intensivster Vorarbeiten (namentlich durch die Staatsminister Popitz und Drews) unter wesentlich geläuterten Verhältnissen nach den einschneidenden Umformungen des staatlichen Lebens nach 1918 nicht zu einer Reform der Mittelinstanz entschließen.

Durch die Bildung der Reichsfinanzverwaltung 1920 wurde den Regierungen die Veranlagung und Erhebung der direkten Steuern entzogen. Beides fiel künftig in die Zuständigkeit der Finanzämter, die Reichsbehörden waren.[58] Damit war der Bezirksregierung der wesentliche Bereich der Steuerverwaltung (Abteilung III) genommen.[59]

Im Jahre 1922 erlebte der Regierungsbezirk Hannover eine seiner bedeutsamsten Gebietsvermehrungen. Durch Gesetz vom 22. Februar 1922[60] und nach einer Volksabstimmung, die aufgrund der in Artikel 18 der Weimarer Verfassung vorgesehenen Neugliederung des Reiches erfolgte, wurde der bis dahin zum Freistaat Waldeck-Pyrmont gehörende Gebietsteil und ehemaliges Fürstentum Pyrmont mit dem Kreis Hameln und so mit Preußen vereinigt.

Aufgrund des Reichsheimstättengesetzes vom 18. Januar 1924[61] hatte die Bezirksregierung Hannover die Wohnungs-, Siedlungs-, Heimstätten- und Kleingartensachen neu zu bearbeiten.

---

chen. In Anlehnung an den Staatsaufbau Frankreichs wurde das Staatsgebiet in Provinzen, Regierungsbezirke, Kreise und Gemeinden aufgebaut. [REGIERUNGSPRÄSIDENT HANNOVER (1952), S. 11.]

[55] Preußische Gesetzsammlung, S. 543.
[56] SCHNATH (1959), S. 23.
[57] REGIERUNGSPRÄSIDENT HANNOVER (1968), S. 4.
[58] „Verreichlichung der Einkommensteuer".
[59] Vgl. FRANZ (1955), S. 65.
[60] Preußische Gesetzsammlung, S. 37.
[61] Preußische Gesetzsammlung, S. 49.

Im Jahre 1932 trat die „Verordnung zur Vereinfachung und Verbilligung der Verwaltung" in Kraft (Auszug):

Preußische Gesetzsammlung

1932	Ausgegeben zu Berlin, den 3. September 1932	Nr. 48

(Nr. 13781.) Verordnung zur Vereinfachung und Verbilligung der Verwaltung. Vom 1. September 1932.

Auf Grund der Verordnungen des Reichspräsidenten vom 24. August 1931 (Reichsgesetzbl. I S. 453) und vom 6. Oktober 1931, Dritter Teil Kapitel III 2 (Reichsgesetzbl. I S. 537) wird verordnet:

Kapitel I.

Staatsverwaltung.

A. Mittelbehörden.

(...)

§ 2.

(1) Die allgemeine Landesverwaltung innerhalb des Regierungsbezirkes führt unter Aufsicht der Minister und unter der gesetzlich geordneten Mitwirkung des Bezirksausschusses der Regierungspräsident.

(2) Dem Regierungspräsidenten liegt die Verwaltung aller Angelegenheiten ob, die nicht ausdrücklich anderen Behörden übertragen sind.

(3) Dem Regierungspräsidenten kann von dem Staatsministerium die Verwaltung einzelner Zweige der allgemeinen Landesverwaltung in anderen Regierungsbezirken übertragen werden.

(...)

§ 6.

Dem Regierungspräsidenten werden für die ihm persönlich übertragenen Geschäfte nach Maßgabe des Geschäftsumfanges ein Vizepräsident als ständiger Stellvertreter, Regierungsdirektoren, ein Oberforstmeister und Räte beigegeben. Der Oberforstmeister hat die dienstliche Stellung eines Regierungsdirektors.

§ 7.

Soweit einem Regierungspräsidenten die Verwaltung einzelner Zweige der allgemeinen Landesverwaltung in anderen Regierungsbezirken übertragen ist (§ 2 Abs. 3), ist für die Angelegenheiten dieses Verwaltungszweigs als Beschlußbehörde und als Verwaltungsgericht der Bezirksausschuß zuständig, dessen Vorsitzender der beauftragte Regierungspräsident ist.

§ 8.

Soweit der Oberpräsident die Geschäfte des Regierungspräsidenten am gleichen Orte wahrnimmt, werden beide Behörden möglichst mit einheitlichem Geschäftsbetriebe geführt. Hierbei nimmt der Vizepräsident des Oberpräsidiums die Stellvertretung des Regierungspräsidenten und die Geschäfte des Regierungsvizepräsidenten wahr.

(...)

Im Zuge der innerpreußischen Flurbereinigung erfuhr der preußische Regierungsbezirk Hannover durch die Verordnung über die Neugliederung von Landkreisen vom 1. August 1932 (preußische Kreisreform)[62] durch den Erwerb der bis dahin zur preußischen Provinz Hessen-Nassau (Regierungsbezirk Kassel) gehörenden Grafschaft Schaumburg einen erheblichen Flächenzuwachs. Im Gleichen erfuhr der Landkreis Ilfeld (Regierungsbezirk Hildesheim) eine Aufteilung auf die Landkreise Wernigerode und Grafschaft Hohnstein (Provinz Sachsen).

Aufgrund einer Verordnung vom 27. September 1932[63] wurde die Gemeinde Anderten, Landkreis Burgdorf, Regierungsbezirk Lüneburg, in den Landkreis Hannover und somit in den Regierungsbezirk Hannover eingegliedert.

„Anpassung der Landesverwaltung"

Dem Regierungspräsidenten stand zunächst der Bezirksausschuss als Beschlussbehörde zur Seite; der Bezirksausschuss war ferner Spruchbehörde in der Verwaltungsrechtspflege. Durch das Gesetz vom 15. Dezember 1933 über die Anpassung der Landesverwaltung an die Grundsätze des nationalsozialistischen Staates wurde der Bezirksausschuss als Beschlussbehörde beseitigt, in seiner Gestalt als Verwaltungsgericht (Bezirksverwaltungsgericht) blieb er aber bestehen.

So heißt es in § 1: „Die Bezirksausschüsse, Kreisausschüsse, Staatsausschüsse, Magistrate, kollegialischen Gemeindevorstände und Kollegien aus Bürgermeister und Beigeordneten (§ 4 des Gesetzes über die allgemeine Landesverwaltung vom 30. Juli 1883 – Gesetzsamml. S. 195 –) werden als Beschlußbehörden beseitigt."

Die Bezirks-, Kreis- und Stadtausschüsse erhielten gemäß § 2 des Gesetzes in ihrer Eigenschaft als Verwaltungsgerichte die Bezeichnung „Bezirks-, Kreis- und Stadtverwaltungsgericht".

§ 5.

(1) Der Regierungspräsident wird im Bezirksverwaltungsgericht vertreten durch den Regierungspräsidenten und, wenn auch dieser behindert ist, im Vorsitz von dem Verwaltungsgerichtsdirektor, im übrigen von einem zu ernennenden Stellvertreter. Der Vorsitz im Bezirksverwaltungsgericht geht, falls der Regierungspräsident, der Regierungsvizepräsident und Verwaltungsgerichtsdirektor behindert sind, auf das zweite auf Lebenszeit ernannte Mitglied und weiterhin auf den Stellvertreter des Verwaltungsgerichtsdirektor über.

(...)

Das vom Preußischen Staatsministerium beschlossene Gesetz trat am 1. Januar 1934 in Kraft.

Am 14. Juli 1936 kam die schillerndste Persönlichkeit unter Hannovers bisherigen Regierungspräsidenten, Rudolf Diels. Diels, ehemaliger Gestapo-Chef und

---

[62] Preußische Gesetzsammlung S. 255.
[63] Preußische Gesetzsammlung S. 315.

Schützling Görings, war nach Auseinandersetzungen mit dem Kölner und dem Essener Gauleiter nach Hannover versetzt worden. Seine zunehmende Distanz zum NS-Regime brachte ihm – vermutlich auf Betreiben des Gauleiters Hartmann Lauterbacher – am 14. März 1942 den Verlust seiner Funktion und gegen Ende des Krieges sogar eine Verhaftung durch die Gestapo und die Einweisung in eine Strafkompanie ein.[64]

Im Jahre 1936 wurde der Bezirksregierung Hannover eine Bezirksstelle für Landesplanung angeschlossen.

Aufgrund des Beschlusses des Staatsministeriums vom 30. September 1941[65] wurde die Exklave Bodenwerder, Landkreis Hameln-Pyrmont, Regierungsbezirk Hannover, an den Landkreis Holzminden, Regierungsbezirk Hildesheim, abgetreten.

Am 8. Mai 1945 war der Zweite Weltkrieg beendet, und das heutige Land Niedersachsen wurde englische Besatzungszone.

Obgleich das Ende des Reiches und seiner Zentralbehörden einen durchgreifenden Neuaufbau von unten ermöglichen würde, ließ die britische Militärregierung die Binnengrenzen im niedersächsischen Raum zunächst unangetastet, stattete Braunschweig, Oldenburg sowie Schaumburg-Lippe mit dem Länderstatus aus und ernannte für die Provinz Hannover vorerst einen stellvertretenden Oberpräsidenten, an dessen Stelle am 18. September 1945 Hinrich Wilhelm Kopf als Oberpräsident (letzter Oberpräsident der Provinz Hannover) und Leiter einer Art Provinzialregierung trat.[66]

Aufgrund der Verordnung Nr. 55 der britischen Militärregierung vom 1. November 1946[67] wurde aus den aufgelösten Ländern Hannover, Oldenburg, Braunschweig und Schaumburg-Lippe das Land Niedersachsen gebildet. Am 23. November 1946 wurde die Landesregierung in Hannover gebildet. Ministerpräsident Kopf teilte den niedersächsischen Staatsministern in Hannover unter dem gleichen Datum mit:

(...) Mit der Bildung der Niedersächsischen Staatsregierung sind die Bezirkstage, soweit sie in den Regierungsbezirken des ehemaligen Landes Hannover bestanden, aufgelöst. Damit entfällt auch die besondere Stellung der Vorsitzenden der Bezirkstage.

An die Stelle der bisherigen Amtsbezeichnungen „Oberregierungsdirektor" und „Erster Regierungsdirektor" treten die Amtsbezeichnungen „Regierungspräsident" und „Regierungsvizepräsident".

Die Regierungspräsidenten nehmen die ihnen obliegende Geschäfte der Landes-

---

[64] Poestges, Dieter, Unterlagen für die Rede von Ministerpräsident Dr. Ernst Albrecht zum 100-jährigen Bestehen der Bezirksregierung Hannover am 01.07.1985, S. 3.
[65] Reichsgesetzblatt I, S. 357.
[66] Schnath, Georg, u. a., Geschichte des Landes Niedersachsen, 3., ergänzte Auflage, Verlag Ploetz KG Würzburg, Hannover 1979, S. 115. Die britische Militärregierung hatte den – nach damaligen Maßstäben – politisch unbelasteten, erfahrenen Verwaltungsfachmann Hinrich Wilhelm Kopf noch vor Kriegsende, am 1. Mai 1945, zum Regierungspräsidenten ernannt.
[67] Amtsblatt der Militärregierung S. 341.

verwaltung unter der Dienstaufsicht der Niedersächsischen Staatsregierung wahr.

Hauptstadt von Niedersachsen wurde Hannover. Das Land setzte sich nunmehr aus sechs Regierungsbezirken (ehemals preußische Landesteile) mit den Bezirkshauptstädten Hannover, Hildesheim, Lüneburg, Stade, Osnabrück und Aurich sowie zwei „Niedersächsischen Verwaltungsbezirken" (ehemals selbständige Länder) mit den Bezirkshauptstädten Braunschweig und Oldenburg zusammen. Der Bereich der kommunalen Selbstverwaltung gliederte sich zunächst in 15 kreisfreie Städte, 60 Landkreise mit insgesamt 4129 kreisangehörigen Städten und Landgemeinden.[68]

Bei der Bildung des Landes Niedersachsen wurde das seit 1920 kleinste deutsche Land, Schaumburg-Lippe (Kreise Bückeburg und Stadthagen), als Landkreis Teil des Regierungsbezirkes Hannover.

Die Bezirksregierung Hannover erhielt nun neue umfangreiche Aufgaben, vor allem auf den Gebieten der Wirtschaft und des Verkehrs sowie des Sozialwesens.

Die Diskussion über die Verwaltungsgliederung auf der mittleren Ebene ging weiter. Sogar eine Aufhebung der Bezirksregierungen wurde erörtert. Deren Notwendigkeit konnte aber die bis dahin einzige Frau unter Hannovers Regierungspräsidenten, Dorothea Bähnisch, 1948 überzeugend belegen. Die Kriegsfolgen hatten nicht nur zu einer erheblichen Mehrbelastung in den bisherigen Aufgabengebieten geführt, sondern auch neue Kompetenzen geschaffen, von denen die Fürsorge für Flüchtlinge und Vertriebene sowie die Entnazifizierung am stärksten zu Buche schlugen. Auch die „Kommunalisierung" der Landkreise hatte keine Entlastung gebracht; die bisherigen Aufgaben waren durch die Übertragung der Kommunalaufsicht auf den Regierungspräsidenten nur modifiziert, nicht aber abgeschafft worden. Die Nachkriegszeit brachte nicht nur völlig neue Aufgaben, sondern auch alte Kompetenzen zurück. Noch 1945 wurde die erst im Jahr zuvor an die Reichsbehörden „abgegebene" Katasterverwaltung wieder dem Regierungspräsidenten unterstellt. Die in der NS-Zeit teilweise, 1945 ganz verloren gegangene Zuständigkeit für die Polizei brachte das „Gesetz über die öffentliche Sicherheit und Ordnung" 1951 zurück. Bereits 1950 war die Forstverwaltung nach siebzehnjähriger Existenz als Sonderbehörde wieder eingegliedert worden, sie bildete nun die vierte Abteilung.

Damit wurde ein Problem von neuem ins Bewusstsein gerückt, das seit dem Jahre 1920, als die direkten Steuern Reichssache geworden waren, einer Lösung harrte, nämlich die unterschiedliche Verteilung der Aufgaben auf die einzelnen Abteilungen. Zwar war die erste Abteilung schon immer die bedeutendste gewesen, aber der Geschäftsverteilungsplan von 1949 beispielsweise zeigt, wohin die Entwicklung inzwischen geführt hatte. Nicht weniger als 29 Dezernate gehörten mittlerweile zur Abteilung I, während es in der jetzt „Ernährung, Landwirtschaft und Domänen" genannten Abteilung III nur neun waren, und die Abteilung II (Kirchen und Schulen) verfügte sogar nur über ein einziges Dezernat. Um dieses

---

[68] Stand: 31. Dezember 1969; SINGER/FLIEDNER (1970), S. 82.

Ungleichgewicht zu beseitigen, kam es in der Folgezeit zu mehreren Umorganisationen und zur Einrichtung einer fünften und einer sechsten Abteilung.

Der erwähnte Aufgabenzuwachs für den Regierungspräsidenten in der unmittelbaren Nachkriegszeit täuscht etwas darüber hinweg, dass unter anderem infolge der Auflösung des Oberpräsidiums seit 1946 eine Fülle von Sonderbehörden entstanden war. Die Entwicklung wurde 1958 wieder rückgängig gemacht. Zehn Behörden wurden in das durch Kabinettsbeschluss vom 18./25. März 1958[69] errichtete Niedersächsische Landesverwaltungsamt, einer weiteren Mittelbehörde der allgemeinen Landesverwaltung, eingegliedert. Die Zuständigkeiten des Regierungspräsidenten wurden dadurch nicht berührt, da dem Landesverwaltungsamt nur solche Verwaltungsaufgaben übertragen wurden, die zentral für das ganze Land ihre Erledigung finden sollten.[70]

Ihren dokumentierten Ausgang nahm die Stadtwerdung Laatzens im Jahr 1964. Eine erste Andeutung zu diesem Thema von dem damaligen Gemeindedirektor Erich Panitz findet sich in einem Vermerk zu einem Gespräch mit Oberregierungsrat Steffen von der Bezirksregierung Hannover vom 17. August dieses Jahres. Da dieses Gespräch inoffiziell war, verwies Steffen auch auf Regierungspräsident Friedrich Seitz, mit dem Gespräche auf der offiziellen politischen Ebene geführt werden sollten, da es sich bei der Verleihung der Stadtrechte um eine politische Entscheidung handelte.[71]

Nach vier Jahren Bauzeit konnte die Bezirksregierung Hannover in den Monaten Oktober und November 1968 einen Neubau Am Waterlooplatz 11 beziehen. Das etwa 130 Jahre alte „Regierungspalais" an der Archivstraße hatte seit langem nicht mehr den Anforderungen entsprochen. Schon im Jahre 1912 hatte das zuständige Hochbauamt in einem Bericht an den Regierungspräsidenten festgestellt, „daß es in Hannover kein staatliches Gebäude geben dürfe, das einen solchen desolaten Eindruck macht, wie das des Regierungs- und Oberpräsidiums." Daran hatte es sich bis zuletzt nichts geändert. Bereits 1936 mussten Dezernate in gemieteten Büroräumen in verschiedenen Stadtteilen untergebracht werden. Dem Regierungspräsidenten standen mit seinen Mitarbeitern im Altbau nur 5320 Quadratmeter Bürofläche zur Verfügung. Dieser hoffnungslose Zustand hatte im Jahre 1960 zu der Entscheidung geführt, auf dem Gelände am Waterlooplatz neu zu bauen.

Der auf 760 Arbeitsplätze zugeschnittene Bau konnte nicht alle Mitarbeiter aufnehmen. Bei der aus dem Jahre 1964 stammenden Plankonzeption war einkalkuliert worden, dass nachkriegsbedingte Aufgaben (Lastenausgleich, Wiedergutmachung, Wohnungssachen, Angelegenheiten der Vertriebenen und Flüchtlinge) sich verringern oder eines Tages entfallen würden, so dass, auf längere Sicht gesehen, das neue Gebäude den gesamten Personalbestand aufnehmen könnte.[72]

---

[69] Niedersächsisches Ministerialblatt, S. 250.
[70] NIEDERSÄCHSISCHES LANDESVERWALTUNGSAMT (1967).
[71] FISCHER (2011), S. 2.
[72] REGIERUNGSPRÄSIDENT HANNOVER (1968), S. 12.

Die Verwaltungs- und Gebietsreform von 1974

Von 1972 bis 1978 wurde in Niedersachsen eine Verwaltungs- und Gebietsreform durchgeführt. Diese hatte eine recht lange Vorlaufzeit. Auf Grund eines Beschlusses der Niedersächsischen Landesregierung vom 14. September 1965 wurde eine Sachverständigenkommission unter dem Vorsitz des Göttinger Staatsrechtlers Prof. Dr. Werner Weber berufen, die sich zunächst mit der Mittelinstanz, der notwendigen Zahl der Regierungsbezirke und mit deren Grenzen befasste. In ihrem Gutachten vom 30. März 1968 schlug die Sachverständigenkommission vor, die Zahl der niedersächsischen Regierungsbezirke auf vier (statt bisher acht) zu begrenzen. Gebildet werden sollten: der Regierungsbezirk West-Niedersachsen mit der Hauptstadt Oldenburg, wobei die bisherigen Bezirke Oldenburg, Osnabrück und Aurich miteinander verschmolzen werden sollten, der Regierungsbezirk Nordost-Niedersachsen, bestehend aus den bisherigen Bezirken Stade und Lüneburg mit der Hauptstadt Lüneburg, der Regierungsbezirk Hannover, vereinigt mit Teilen des Bezirks Hildesheim, mit der Hauptstadt Hannover, der Regierungsbezirk Südost-Niedersachsen, bestehend aus dem bisherigen Bezirk Braunschweig mit Teilen des Bezirks Hildesheim, mit der Hauptstadt Braunschweig.[73]

Kreisreform auf Eis gelegt

Die SPD-Fraktion legt die Grundsätze zur Verwaltungs- und Gebietsreform vor

HANNOVER (nsk). — Die Verwaltungs- und Gebietsreform in Niedersachsen soll in folgenden Abschnitten vollzogen werden: Bezirksreform mit den künftigen vier neuen Verwaltungsbezirken Hannover, Braunschweig, Lüneburg und Oldenburg bis 1. 10. 1972; Gemeindereform in dieser Legislaturperiode (bis Mai 1974) durchgeführt; Verwaltungsreform („Funktionalreform") in dieser Legislaturperiode beginnen; umfassende Neuorganisition der Kreisebene erst in der nächsten Legislaturperiode nach 1974. So sehen es die am Mittwoch in Hannover veröffentlichten Grundsätze der SPD-Landtagsfraktion für die Klausurtagung von dieser Woche vor. Im Gegensatz zur Absichtserklärung des Innenministers Lehners (SPD) will die SPD-Fraktion nur noch leitbildgerechte Gemeindezusammenschlüsse akzeptieren und hinsichtlich der Raumordnung festlegen, daß Naherbereichsgrenzen nicht überschritten werden sollen.

Als Rechtsform der örtlichen Selbstverwaltung soll es neben der Einheitsgemeinde nach dem gegenwärtigen Kommunalverfassungsrechts die Samtgemeinde allerdings mit einer „stärker integrierten Verfassung" geben, doch soll bei der Einheitsgemeinde die Ortschaftsverfassung stärker ausgestaltet werden. Einheitsgemeinden sind insbesondere in Verdichtungsräumen zu schaffen. Samtgemeinden müssen hinsichtlich ihrer Leistungsfähigkeit den Einheitsgemeinden vergleichbar sein und sollen aus nicht mehr als zehn Gemeinden, die jeweils mindestens 400 Einwohner haben, bestehen und dürfen keinen hauptamtlichen Gemeindedirektor berufen. Eine Diskriminierung der Samtgemeinde sei keineswegs beabsichtigt, erklärte die SPD. Die künftigen Einheiten der Ortsinstanz sollen mindestens 7 000 Einwohner haben und einem Nahbereich angehören. Nur

in Ausnahmefällen, insbesondere in dünn besiedelten Räumen, könnten sie weniger, „tunlichst aber nicht weniger als 5 000 Einwohner", haben. Der SPD-Abgeordnete Hüper sagte noch: „Die Freiwilligkeit der Zusammenschlüsse hört dann auf, wenn man an die Ordnung ganzer Räume geht. Wer sich dann nicht freiwillig zusammengeschlossen hat, wird durch Gesetz dazu gezwungen."

Von der Landesregierung fordert die SPD, daß nur noch Gesetzentwürfe für die Reform ganzer Räume und für leitbildgerechte Einzelzusammenschlüsse vorgelegt, bzw. nicht leitbildgerechte Samtgemeinden an das Leitbild angepaßt werden. Das Land soll sich an den durch Gemeindezusammenschlüsse ausgelösten Kosten mit Starthilfen beteiligen.

Landkreise, die ihre Funktion als Träger überörtlicher Aufgaben nicht mehr wahrnehmen können, sollen nach den SPD-Vorstellungen aufgelöst werden, der Status einer Stadt soll künftig ausnahmsweise ab 30 000 Einwohnern, verliehen werden. Und dann sei im Zuge der Gemeindereform von Fall zu Fall zu prüfen, ob kreisfreie Städte in den umgebenden Landkreis einzugliedern sind, unter Abwägung der jeweiligen Interessen und der Leistungsfähigkeit.

Nach Abschluß der Bezirksreform sollen die „Außenstellen" in Osnabrück, Stade, Aurich und Hildesheim bis zur Kreisreform bestehen bleiben und dann, ebenso wie Gemeinden, die den Sitz des Landkreises verlieren, „im Bedarfsfall zur Erleichterung des Übergangs eine Anpassungshilfe erhalten". Nach der Vereinheitlichung der Verwaltung in der Mittelinstanz sehen die SPD-Grundsätze eine Verlagerung von Aufgaben und Zuständigkeiten grundsätzlich nach den Vorschlägen der Sachverständigenkommission (Weber-Kommission) vor. Rolf Zick

Cellesche Zeitung vom 14. Januar 1971.

Das Gebiet des Regierungsbezirks Hannover wurde schließlich noch einmal beträchtlich erweitert: 1974 durch die Aufnahme des Landkreises Burgdorf (ehe-

---

[73] KLEIN (1969), S. 393.

60

mals zum Regierungsbezirk Lüneburg gehörig) in den Landkreis Hannover und 1978, im Rahmen einer weiteren großen niedersächsischen Reform, mit der Auflösung des Regierungsbezirkes Hildesheim durch die Landkreise Hildesheim und Holzminden.

Im „Handbuch der Städte, Gemeinden und Kreise von Niedersachsen" von 1974 wurde die Bezirksregierung Hannover wie folgt dargestellt:

Regierungsbezirk Hannover
3 Hannover, Am Waterlooplatz 11
Fernruf: 1061, FS: 922 845
Regierungspräsident:
Bernhard Baier
Regierungsvizepräsident:
Hans-Rudolf Waelzholz
Abteilung 1: Werner Zoch, Abteilungsdirektor
Abteilung 2: Kurt Kayser, Abteilungsdirektor
Abteilung 3: Götz Kroneberg, Abteilungsdirektor
Abteilung 4: Horst Leski, Ltd. Abteilungsdirektor
Abteilung 5: Dr. Ernst-Ludwig Feder, Abteilungsdirektor
Abteilung 6: Hans-Jürgen Köhler, Oberlandforstmeister

Reformgesetz von 1977

Durch das Reformgesetz vom 28. Juni 1977 wurde die Zahl der Bezirksregierungen von 8 auf 4 reduziert: Braunschweig, Hannover, Lüneburg und Weser-Ems. Nach der Verwaltungs- und Gebietsreform, die mit dem Inkrafttreten der Bezirksreform am 1. Februar 1978 abgeschlossen wurde, gab es in Niedersachsen statt der vorher 3973 Gemeinden nur noch 1027, statt der bisher 60 Landkreise und 15 kreisfreien Städte noch 38 bzw. 9. Des Weiteren gab es in Niedersachsen seither keine „selbstständigen Städte" mehr, sondern „große selbstständige Städte" und „selbständige Gemeinden". Der Regierungsbezirk Hannover hat seitdem eine Fläche von 7353,92 Quadratkilometern.

Das Gesetz über die Allgemeine Landesverwaltung vom 30. Juli 1883 und die Verordnung zur Vereinfachung und Verbilligung der Verwaltung vom 3. September 1932 (Nieders. GVBl. Sb. II S. 29) wurden aufgehoben.

Am 1. Februar 1978 wurde der Regierungsbezirk Hannover im Rahmen einer Bezirksreform (mit der Reduzierung auf vier Regierungsbezirke) um die Landkreise Hildesheim und Holzminden aus dem aufgehobenen Regierungsbezirk Hildesheim erweitert. Behörde des Regierungsbezirks Hannover war die landesunmittelbare Mittelbehörde Bezirksregierung Hannover. Sie wurde im Zuge einer als Verwaltungsmodernisierung[74] bezeichneten weiteren Reform aufgehoben.[75] Am 31. Dezember 2004 wurde der Regierungsbezirk Hannover – wie auch die anderen drei niedersächsischen Regierungsbezirke – aufgelöst. Seither

---

[74] Informationen über die Verwaltungsmodernisierung in Niedersachsen im Portal Niedersachsen, www.niedersachsen.de.
[75] § 1 des Artikels 1 (Gesetz zur Auflösung der Bezirksregierungen) des Gesetzes zur Modernisierung der Verwaltung in Niedersachsen.

dient das frühere Dienstgebäude als Behördenhaus, in dem heute (2013) unter anderem das Landeskriminalamt Niedersachsen, die Niedersächsische Landesschulbehörde und weitere Landesbehörden ihren Sitz haben.

Am 1. Februar 1979 trat der Mustergeschäftsverteilungsplan für die Bezirksregierungen in Kraft.[76]

Die im Zuge der Verwaltungs- und Gebietsreform vorgenommene Vergrößerung der Stadt Papenburg um die ehemalige Kreisstadt Aschendorf wurde in Bürgerbefragungen kritisiert. 1990 beschloss der Niedersächsische Landtag daraufhin eine Korrektur der Gemeindereform: Der Stadt Aschendorf sowie den Gemeinden Langförden, Vörden und Mulsum sollte die kommunale Selbstverwaltung wiedergegeben werden. Das Gesetz vom 28. März 1990 wurde jedoch vom Bundesverfassungsgericht mit Urteil des Zweiten Senats vom 12. Mai 1992 als nicht verfassungsgemäß erachtet.

Nach den Kommunalwahlen in Niedersachsen 2011 (11. September 2011) planten die Kreistage in Göttingen, Northeim und Osterode eine große Kreisfusion zur Bildung einer Region Südniedersachsen. In Bürgerforen wird für eine aktive Beteiligung in Form eines Bürgerentscheides plädiert.

Mit der Grundsteinlegung am 25. August 1993 wurde der Erweiterungsbau der Bezirksregierung Hannover in Angriff genommen. Nach einer Bauzeit von zwei Jahren wurde im August 1995 der Gebäudeteil C des Hauptgebäudes eingeweiht und bezogen.

Kritik an Gabriels Etatentwurf dauert an

Grüne wollen Bezirksregierung abschaffen

HANNOVER (Ini). Trotz Kritik an den geplanten Kürzungen im Sozialbereich will die SPD-Landtagsfraktion den Haushaltsentwurf der Landesregierung mittragen. Das kündigte ihr Vorsitzender Axel Plaue gestern in Hannover nach der Sitzung der Fraktion an.

Die Grünen präsentierten eigene Sparvorschläge mit einem Volumen von 237 Millionen Mark jährlich. Diese Summe lasse sich vor allem bei der Wirtschaftsförderung, der Hafen- und Schifffahrtsverwaltung sowie durch die Abschaffung der Bezirksregierungen und Nullrunden bei Abgeordnetendiäten und Ministergehältern erreichen, sagte der haushaltspolitische Sprecher Michel Golibrzuch.

Unter den Sozialpolitikern in der SPD-Fraktion regt sich vor allem wegen der Streichung der Mittel für die Investitionsfolgekosten für soziale Dienste und ambulante Pflegedienste Unmut an der Regierungsvorlage. Das Land spart damit 40 Millionen Mark jährlich. Weitere 30 Millionen Mark jährlich werden bei Krankenhausinvestitionen gestrichen. Fraktionschef Plaue betonte jedoch: „Das sozialpolitische Profil der niedersächsischen SPD ist weiterhin klar erkennbar."

Die CDU-Landtagsfraktion kritisierte den geplanten Stellenabbau bei der Polizei. „Schon jetzt ist Niedersachsen absolutes Schlusslicht bei der Polizeidichte", sagte der Abgeordneter Uwe Schünemann.

Der Anfang vom Ende: neue Töne aus Hannover. Cellesche Zeitung vom 13. Juni 2001.

---

[76] Niedersächsisches Ministerialblatt Nr. 4/1979, S. 73.

Stellung der Bezirksregierung Hannover im Organisationsgefüge des Landes Niedersachsen

Staatsgerichtshof

Landesregierung

Landesrechnungshof

MJ	MWK	MF	MK	MP	MI	MFAS	MW	MU	ML
Nds. Justizministerium	Nds. Ministerium für Wissenschaft und Kultur	Nds. Finanzministerium	Nds. Kultusministerium	Ministerpräsident / Nds. Staatskanzlei / Minister für Bundes- und Europaangelegenheiten in der Staatskanzlei	Nds. Innenministerium	Nds. Ministerium für Frauen, Arbeit und Soziales	Nds. Ministerium für Wirtschaft, Technologie und Verkehr	Nds. Umweltministerium	Nds. Ministerium für Ernährung, Landwirtschaft und Forsten

Bezirksregierungen: BezReg Braunschweig — Bezirksregierung Hannover — BezReg Lüneburg — BezReg Weser-Ems

5 Staatliche Rechnungsprüfungsämter

Nachgeordnete Landeseinrichtungen:
- Gerichtsorganisation
- Hochschulen
- Nds. Landesamt für Denkmalpflege
- Oberfinanzdirektion
- Nds. Landesamt für Bezüge u. Versorgung
- Staatshochbauämter, Finanzämter
- Informatikzentrum Niedersachsen (IZN) (Landesbetrieb)
- Landesvermessung u. Geobasisinformation Niedersachsen (LGN) (Landesbetrieb)
- Nds. Landesamt für Statistik
- Nds. Landesamt für Verfassungsschutz
- Nds. Landesamt für Zentrale soziale Aufgaben (NLZSA)
- Nds. Landesgesundheitsamt
- Oberbergamt
- Nds. Landesamt für Bodenforschung
- Nds. Landesamt für Straßenbau
- MEN Mess- u. Eichwesen Niedersachsen (Landesbetrieb)
- Nds. Landesamt für Ökologie
- Nds. Landesbetrieb für Wasserwirtschaft und Küstenschutz (NLWK)
- 50 Nds. Forstämter

Staatl. Krankenhäuser — Bergämter — Straßenbauämter — Betriebsstellen

Landkreise: Landkreis Diepholz — Landkreis Hameln-Pyrmont — Landkreis Hildesheim — Landkreis Holzminden — Landkreis Nienburg/Weser — Landkreis Schaumburg

Landeshauptstadt Großraum Hannover / Kommunalverband Großraum Hannover / Landkreis Hannover

- 6 Vermessungs- u. Katasterbehörden (9 Katasterämter)
- 2 Ämter für Agrarstruktur
- 4 Straßenbauämter (Teilaufgaben)
- 2 Gewerbeaufsichtsämter
- 1 Staatl. Veterinäruntersuchungsamt
- 1 Nieders. Landesmuseum
- 10 Nieders. Forstämter (Teilaufgaben) davon 6 als Beratungsforstämter

Polizeibehörden
- 1 Polizeidirektion
- 7 Polizeiinspektionen
- 1 Kommunalpolizeidirektion
- 1 Polizeischutzkommissariat

Schulen

Stand: Februar 2000

Stellung der Bezirksregierung Hannover im Organisationsgefüge, Stand 2000. Offizielle Darstellung. Sammlung: Blazek

Die Schulpsychologie des Dezernats 401 zog 2002 aus dem Dienstgebäude Waterlooplatz in den Neubau des Dienstgebäudes Marienstraße/Papenstieg um. Ebenfalls zog im Juli 2002 die Staatliche Akkreditierungsstelle (Dezernat 509) dorthin um.

Thesenpapier des CDU-Wirtschaftsrats zur Positionierung Celles

Weg mit der Bezirksregierung – und her mit der Zukunft

Von Michael Ende

CELLE. Die ihrer Meinung nach „völlig überflüssige" Bezirksregierung wollen sie abschaffen, Wirtschaft und Verkehr Celles und Hannovers stärker verflechten, Celles internationale Beziehungen ausbauen und die Herzogstadt zum Bildungszentrum entwickeln. Mit einem Thesenpapier zur Positionierung Celles ist der Celler CDU-Wirtschaftsrat an die Öffentlichkeit getreten. Die Frage, die nun anhand dieses Papiers im Landkreis Celle diskutiert werden soll, lautet: „Wo stehen wir – wo liegt unsere Zukunft?"

„Der Wirtschaftsrat fordert alle Kräfte aus Politik, Verwaltung, Wirtschaft und öffentlichem Leben auf, in einen Dialog über die künftige Entwicklungsrichtung Celles einzutreten. Die Frage nach der Aufwertung als Wirtschaftsstandort muss dabei im Kontext der gewünschten Gesamtentwicklung gesehen werden", so Jürgen Meier-Greve, Vorsitzender der Celler Sektion des CDU-Wirtschaftsrats. „Es ging uns in unserem Strategie-Papier darum, wichtige Punkte zu beleuchten – als Grundlage für eine breit angelegte Diskussion, die jetzt in Gang kommen muss", so Wirtschaftsrats-Mitglied Susanne Schmitt.

„Wir fordern die Abschaffung der Bezirksregierung, die aus unserer Sicht überflüssig ist und keinerlei Vorteile bringt – dies gilt auch und gerade für die Politikerin. Im derzeitigen Regierungsbezirk Lüneburg gebe es keine einheitlichen Wirtschaftsinteressen, da das Gebiet der Verwaltungseinheit von den Einflusssphären der Großräume Hamburg, Braunschweig und Hannover praktisch dreigeteilt werde. „Die Aufgaben der Bezirksregierung könnten ohne große Schwierigkeiten an die Landkreise beziehungsweise die Ministerien abgegeben werden".

Jürgen Meier-Greve.

Susanne Schmitt. Fotos: Müller

meint Meier-Greve.
Der Wirtschaftsrat unterstützt die derzeit laufenden

Bemühungen, die B 3 nördlich Celles zur Autobahn aufzustufen. Schmitt: „Das wäre ein wichtiges Zeichen für potentielle Investoren – genauso wie der längst überfällige Bau der Celler Ortsumgehung der B3." Außerdem auf der Wirtschaftsrats-Wunschliste: Der Ausbau der Fuhrberger Landstraße und die Einbindung Celles in den Verkehrsverbund Großraum Hannover.

Als besonders wichtig erachtet Schmitt die Einstufung Celles als Oberzentrum. „So wäre es möglich, universitäre Einrichtungen an die Aller zu holen. Das brächte fast zwangsläufig neue Wirtschaftsimpulse, Existenzgründer, neue Menschen und junge Familien in die Herzogstadt." Schön wäre es, wenn die Elite-Uni an die Aller käme, falls nicht, sollte es nach Meinung des Wirtschaftsrats aber zumindest eine Fachhochschule oder eine Berufsakademie sein.

Wirtschaftssenioren könnten den Wirtschaftsförderern von Stadt und Landkreis dabei helfen Celles ökonomische Beziehungen – besonders zu den Partnerstädten – zu intensivieren. Meier-Greve: „Hier sehen wir ein großes Potenzial." Mit Nachdruck solle die Anbindung Celles an die Region Hannover verfolgt werden: „Hier wollen wir aber nicht vom Regen im Regierungsbezirk in die Hannoveraner Traufe kommen: Die Souveränität Celles muss gewahrt bleiben – bei größtem Nutzen für alle." In der Diskussion, die nun einsetzen soll, geht es dem Wirtschaftsrat auch um ein Charakteristikum des Landkreises Celle. Schmitt: „Wir wollen die Grenze zwischen Nord- und Südkreis aufweichen."

„Wir fordern die Abschaffung der Bezirksregierung."
Cellesche Zeitung vom 17. Dezember 2001.

Mit dem Übergang der Regierungsgewalt im Lande Niedersachsen nach den Wahlen am 2. Februar 2003 von der SPD an die CDU wurde Regierungspräsidentin Gertraude Kruse ihres Amtes enthoben und ihre Amtsgeschäfte auf den Regierungsvizepräsidenten übertragen.

Die Bezirksregierung Hannover im Jahr 2004: Auflösung oder Weiterbestehen?

Da nichts so gut ist, als dass es nicht noch verbessert werden könnte, arbeiten die Mitarbeiterinnen und Mitarbeiter der Bezirksregierung – und zwar quer durch das ganze Haus, unabhängig von Hierarchien und Fachrichtungen – am Thema „Verwaltungsreform". Wenn es gelingt, die Aufgabenwahrnehmung auf das wirklich Wesentliche zu beschränken und sich von überflüssigem Ballast zu befreien, wenn die Arbeitsabläufe noch effizienter werden, dann wird sich die Behörde zu einem modernen Dienstleistungsunternehmen entwickeln.

Die Bezirksregierung Hannover galt bis zuletzt als die traditionelle Widerspruchs- und Aufsichtsbehörde des Landes Niedersachsen. Dennoch war ihre Existenz nicht unumstritten. Gerade im Jahre 2003 wurden Stimmen laut, die die Abschaffung der Bezirksregierungen forderten. Schlagzeilen in der Presse, wie „Grüne wollen Bezirksregierung abschaffen" und „Weg mit der Bezirksregierung – und her mit der Zukunft",[77] geben Zeugnis von dieser Tendenz. Schon bald stand die Aussage im Raum, die Aufgaben der Bezirksregierung könnten „ohne Schwierigkeiten" an die Landkreise beziehungsweise an die Ministerien abgegeben werden. Ein politisches Thema, welches in nächster Zeit noch für einigen Zündstoff sorgen sollte.

Dass auch weitere Parteien mit der Idee, durch die Abschaffung der Mittelinstanzen drastische Geldeinsparungen zu erzielen, „angesteckt" werden könnten, war nicht von der Hand zu weisen.

„Weg mit der Bezirksregierung". Cellesche Zeitung vom 22. März 2004.

Am 31. Dezember 2004 wurde der Regierungsbezirk Hannover – wie auch die anderen drei niedersächsischen Regierungsbezirke – aufgelöst. Zuletzt waren bei der Bezirksregierung Hannover über 1500 Menschen beschäftigt.

Seit der Auflösung dient das frühere Dienstgebäude als Behördenhaus, in dem heute (2014) unter anderem das Landeskriminalamt Niedersachsen, die Niedersächsische Landesschulbehörde und weitere Landesbehörden ihren Sitz haben. Anstelle der 2005 eingerichteten Regierungsvertretung wurden 2014 Regionalbeauftragte für das Gebiet des früheren Regierungsbezirkes Hannover in den Grenzen von 1978 bis 2004 berufen. Diese Institution hat ihren Sitz in Hildesheim.

Die niedersächsische Landesregierung hat vier Beauftragte für die künftige Regionalentwicklung benannt. Sie sollen zukünftig ihre Dienstsitze in Lüneburg, Hildesheim, Braunschweig und Oldenburg in den Landesämtern für Regionalentwicklung haben. Neben der Sozialwissenschaftlerin Jutta Schiecke, bislang Niedersächsisches Ministerium für Umwelt, Energie und Klimaschutz, Volkswirtin Karin Beckmann, bisher NBank, und Jurist Franz-Josef Sickelmann, bis dato Leiter der Regionalvertretung Oldenburg, ist Helmstedts Landrat Matthias Wunderling-Weilbier damit Regionalbeauftragter für Braunschweig.

---

[77] Cellesche Zeitung vom 13. Juni 2001, 17. Dezember 2001.

Die Landdroste 1823-1885:[78]

1823-1829 Ernst Georg Ludewig von Campe,

auch außerordentlicher Beisitzer des Geheimen Ratskollegiums[79] und Generalsekretär der zweiten Kammer der Allgemeinen Ständeversammlung (von der Stadt Nienburg berufen, auf Lebenszeit gewählt), Träger des Commandeurkreuzes erster Klasse (1821) und des Großkreuzes (1825) des Königlichen Guelphen-Ordens[80] sowie des Maltheser-Ordens, ab 1828 auch Geheimer-Rat

1829-1855 Friedrich Wilhelm von Dachenhausen,

Regierungsrat unter Landdrost von Campe, Mitglied des Staats-Raths (Abtheilung für das Innere), ab 1845 Mitglied der Commission der Blindenanstalt vor Hannover und der Bau-Commission zu Hannover, ab 1855 Geheimer-Rath und Dr., Träger des Commandeurkreuzes erster Klasse des Königlichen Guelphen-Ordens (1837), der Waterloo-Medaille, „der Kriegs-Denkmünze für die, im Jahre 1813 freiwillig in die Hannoversche Armee eingetretenen Krieger" und des Preußischen Johanniter-Ordens

Friedrich Wilhelm von Dachenhausen (wirklicher Name Friedrich Wilhelm Christian von Dachenhausen) wurde am 12. März 1791 in Celle geboren. Er war Landdrost in Hannover und 1834 Begründer und Vizepräsident des Gewerbevereins für das Königreich Hannover.

Friedrich Wilhelm von Dachenhausen war laut Hannoverschem Staatskalender Regierungsrat unter Landdrost Ernst Georg Ludwig von Campe, Mitglied des Staatsrats (Abteilung für das Innere), ab 1845 Mitglied der Kommission der Blindenanstalt vor Hannover und der Baukommission zu Hannover, ab 1855 Geheimer-Rat und Dr., Träger des Kommandeurkreuzes erster Klasse des Königlichen Guelphen-Ordens (1837), der Waterloo-Medaille, der Kriegs-Denkmünze für die im Jahre 1813 freiwillig in die Hannoversche Armee eingetretenen Krieger und des Preußischen Johanniter-Ordens.

Michael Wrage weiß zu berichten: 1818 Regierungsassessor bei der Provinzialregierung Hannover, 1821 Regierungsrat ebendort, seit 1824 bei der Landdrostei Hannover, 1826 Klosterrat bei der Klosterkammer, 1830-1855 Landdrost der Landdrostei Hannover, 1839-1855 Mitglied des Staatsrats.[81]

---

[78] Aufgelistet nach den Nennungen in den Hannoverschen Staatskalendern, die von 1737 bis 1914 erschienen sind und als Verwaltungshandbücher dienten, in denen in ständiger Fortschreibung auch der gesamte hannoversche Adel und ein Blick auf das Königshaus abgedruckt wurden.

[79] Außerordentlicher Beisitzer des Geheimen Ratskollegiums war auch Georg Ludewig von Nieper, Landdrost zu Hildesheim.

[80] Königlicher Guelphen-Orden: „Sr. Majestät, der König, ist Großmeister dieses Ordens, welcher am 12. Aug. 1815 gestiftet worden, um die Mittel zu vermehren, getreuen Staatsdienern und den, dem Könige ergebenen Personen ein öffentliches Merkmal der Gnade geben, und um ausgezeichnete Verdienste um das Vaterland belohnen zu können." Der Orden zeigt ein weißes springendes Pferd mit der Umschrift „NEC ASPERA TERRENT": „(Selbst) Schwierigkeiten (wörtlich: die rauen Dinge) schrecken uns nicht."

[81] Wrage (2001), S. 30.

Mit Wirkung vom 24. Juli 1829 wurde Friedrich Wilhelm von Dachenhausen zum Landdrost in Hannover ernannt. Über von Dachenhausen heißt es: „Ohne bedeutende persönliche Energie stets wohlwollend, ein allgemein geschätzter Vermittler."[82]

Kriegsrat Carl Georg Ludolph Justus von Hattorf und der Landdrost von Dachenhausen riefen im Dezember 1833 in den Zeitungen der größeren Städte des Königreichs zur Gründung eines weiteren Gewerbevereins auf, der die Gewerbeförderung auf eine breitere Basis stellen sollte als der erste. Dieser sollte seinen Hauptsitz in Hannover haben. Als Filialen sollten außerdem Provinzial- und Lokalgewerbevereine entstehen. Der besagte Gründungsaufruf wurde von 18 Personen unterzeichnet, von denen zwölf in der höheren Verwaltung tätig und nur vier Gewerbetreibende waren. Die konstituierende Sitzung des Gewerbevereins für das Königreich Hannover fand am 27. April 1834 unter Vorsitz des hannoverschen Finanz- und Handelsministers Geheimer Kammerrat Caspar Detlev von Schulte in der Residenzstadt statt.[83]

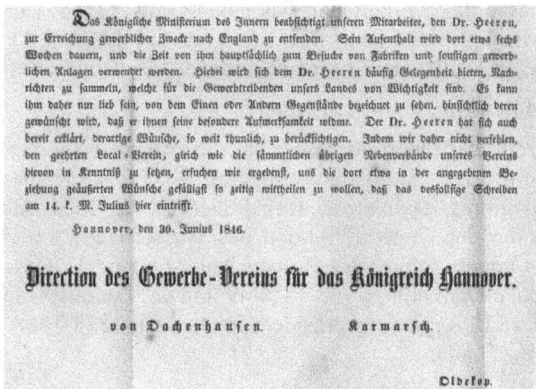

Ein von Friedrich Wilhelm von Dachenhausen untertiteltes Schreiben von 1846 im Auftrag der Direction des Gewerbe-Vereins für das Königreich Hannover zur Entsendung von Friedrich Heeren nach England

Von Dachenhausen initiierte die erste Gewerbeausstellung 1835 in Hannover. Von 1838 bis zu seinem Tode am 23. Mai 1855 in Hannover bewohnte von Dachenhausen das nach ihm benannte Dachenhausenpalais in der Calenberger Neustadt (Calenberger Straße 34, heute im Eigentum des Friederikenstifts).[84]

Nach dem Tode von Dachenhausens wurde sein Palais von dem Bankier Louis Ephraim Meyer erworben und zum Firmensitz des Bankhauses Ephraim Meyer & Sohn umgenutzt.[85] Sein Grabmal befindet sich auf dem Gartenfriedhof. 1885

---

[82] ROTHERT (1914), S. 525.
[83] MOHR (2001), S. 101.
[84] Das Haus von Dachenhausen war das letzte Adelspalais an der Calenberger Straße. Grundlegend erneuert wurde es 1830. Von 1856 bis 1895 war es der Stammsitz des bedeutenden Bankhauses Ephraim Mayer & Sohn, 1856 bis 1862 Sitz des Landrabbinats und 1950 bis 1968 Kanzlei von Landesbischof Hanns Lilje.
[85] SCHULZE (2009), S. 47.

wurde ein Teilstück der Adolfstraße in Dachenhausenstraße umbenannt.[86]

1855-1861 Ernst Friedrich Wilhelm Freiherr von Bülow,

„auch mit der Stelle des General-Directors des Wasserbaues beauftragt.", stellvertretender Vorsitzender des Ministeriums des Innern, Abtheilung für Berufungen, Mitglied des Staats-Raths (Abtheilung für das Innere), Vizepräsident der Zweiten Cammer der Allgemeinen Stände-Versammlung, Generaldirektor der Verwaltung des Wasserbaues, Träger des Commandeurkreuzes erster Klasse des Königlichen Guelphen-Ordens (1851) und des Preußischen rothen Adler-Ordens; 1862 war die Stelle des Landdrosten „vacat."[87]

1862-1867 Carl von Bar,

Geheimer-Rat, Mitglied des Staats-Raths (Abtheilung für das Innere), Generaldirektor der Verwaltung des Wasserbaues, Präsident des Gewerbevereins für das Königreich Hannover, Träger des Commandeurkreuzes erster Klasse des Königlichen Guelphen-Ordens (1857) und des Rothen Adler-Ordens 2. Klasse mit dem Stern, als Landdrost a. D. Präsident des Gewerbevereins für die Provinz Hannover

1868-1872 Adolf Hilmar von Leipziger,[88]

Stellvertreter des Oberpräsidenten für die Provinz Hannover (Se. Erlaucht Otto Graf zu Stolberg-Wernigerode), Direktor des Provinzial-Schulkollegiums, stellvertretender Präsident des Medizinal-Kollegiums, Vorsitzender der Generaldirektion des Wasserbaues, Ehrenritter des Johanniter-Ordens, Träger des Rothen Adler-Ordens 4. Klasse, der Hohenzollernschen Denkmünze von 1848/49 und der Landwehr-Dienstauszeichnung, ab 1873 Regierungspräsident in Aachen, 1878-1888 Oberpräsident der Provinz Hannover

1872-1876 Heinrich von Bötticher,[89]

Stellvertreter des Oberpräsidenten für die Provinz Hannover (Graf zu Eulenburg), stellvertretender Präsident des Medizinal-Kollegiums, Träger des Rothen Adler-Ordens 4. Klasse, der Landwehr-Dienstauszeichnung und des Erinnerungs-Kreuzes von 1866, Inhaber der Kriegs-Denkmünze von 1870/71; 1876 war die Stelle des Landdrosten „vakat."

1876-1885 Adolf von Cranach,[90]

bei Amtsantritt Stellvertreter des Oberpräsidenten, Stellvertretender Präsident des Medizinal-Kollegiums, Vorsitzender der Kommission zur Prüfung der Bauführer, Rechtsritter des Johanniter-Ordens, Träger des Rothen Adler-Ordens 2. Klasse mit Eichenlaub

---

[86] MLYNEK/RÖHRBEIN (2009), S. 121.
[87] Vgl. SIEMANN (1985), S. 202-206.
[88] 1868 (kommissarisch) - 25.09.1872.
[89] 16.12.1872-08.04.1876.
[90] 16.08.1876-01.07.1885.

Die Regierungspräsidentinnen und Regierungspräsidenten 1885-2003:

Graf Wilhelm von Bismarck-Schön-hausen, Sohn des Reichskanzlers, Regierungspräsident 1889 bis 1895.

Hinrich Wilhelm Kopf, langjähriger Ministerpräsident Niedersachsens, Regierungspräsident 1945.

Theanolte Bähnisch, Regierungspräsidentin 1946 bis 1959, lange Zeit die einzige Frau auf diesem Posten.

Jan Henrik Horn war Jurist und hauptberuflich Sozialrichter in Stade, wurde 1990 als bundesweit erster Grüner Regierungspräsident in Hannover.

1885-1888 **Adolf von Cranach**

1889-1895 **Wilhelm Graf von Bismarck-Schönhausen,**

Sohn des Reichskanzlers, Vorsitzender des Bezirksausschusses für den Regierungsbezirk Hannover, Träger des Rothen Adler-Ordens, Großkreuz, 2. Klasse mit Eichenlaub, des Eisernen Kreuzes 2. Klasse und verschiedener fremder Orden und Ehrenzeichen, 1895-1901 Oberpräsident der Provinz Ostpreußen

1895-1903 **Hans von Brandenstein,**

Vorsitzender des Bezirksausschusses für den Regierungsbezirk Hannover, Träger der Rothen Adler-Orden Großkreuz 2. Klasse mit Eichenlaub und 3. Klasse mit der Schleife und der Krone, der Landwehr-Dienstauszeichnung 1. Klasse, des Wasa-Ordens (Kommandeur 2. Klasse), des Großherzoglich Mecklenburgischen Greifen-Ordens und des Fürstlich Schaumburg-Lippischen Hausordens

1903-1911 **Ernst von Philipsborn,**

Wirklicher Geheimer Oberregierungsrat (mit dem Range der Räte 1. Klasse; 1907), Vorsitzender des Bezirksausschusses für den Regierungsbezirk Hannover, Präsident des Gewerbevereins für die Provinz Hannover, Träger des Rothen Adler-Ordens, Großkreuz, 2. Klasse mit Eichenlaub, der Landwehrdienstauszeichnung 2. Klasse und des Königlich Sächsischen Ordens

1911-1917 **Kurd Graf von Berg-Schönfeld,**

Kammerherr (als solcher zum Hofstaat Seiner Majestät des Kaisers und Königs gehörend), Vorsitzender des Bezirksausschusses für den Regierungsbezirk Hannover und des Oberversicherungsamtes für den Regierungsbezirk Hannover, Präsident des Gewerbevereins für die Provinz Hannover, Träger des Rothen Adler-Ordens, Großkreuz, 3. Klasse mit der Schleife, des Königlichen Kronenordens 2. Klasse und der Landwehrdienstauszeichnung 1. Klasse

1917-1933 **Fritz von Velsen**

Eintrag im Staatshandbuch über die Provinz Hannover 1914 (S. 457): Bezirkseisenbahnrat zu Hannover – Mitglieder und Stellvertreter, gewählt für 1910 bis 1914: A. Von Handelskammern und Vorstehern der Kaufmannschaft – 15. Zu Wesel. v. Velsen (Max), Kommerzienrat zu Bocholt, Träger des Königlichen Kronenordens 4. Klasse, der Rote-Kreuz-Medaille 3. Klasse (in Bronze) (Orden in Zeichen ausgedrückt)

1933-1936 **Dr. Ulrich Stapenhorst**

Dr. iur. Ulrich Stapenhorst wurde am 1. September 1878 im elsässischen Gebweiler geboren. Der Verwaltungsjurist entstammt einem westfälischen Bauerngeschlecht. Der Vater war Gymnasialprofessor, Major a.D. und Landwirt a.D. Nach dem Abitur an einem humanistischen Gymnasium studierte er Rechtswissenschaften an den Universitäten Genf, München und Berlin und schloss mit Promotion ab. Erste berufliche Erfahrungen sammelte er ab 1900 als Gerichtsreferendar. Ab 1904 war er Gerichtsassessor bei der Landesverwaltung Elsass-Lothringen. 1907 kam er als Regierungsassessor an das Regierungspräsidium Breslau, 1909 an das Oberpräsidium Schlesien. Von 1911 an war er Hilfsarbeiter im Preußischen Ministerium des Innern. 1912 wurde er Landrat des Landkreises Frankenberg. 1921 kehrte er als Hilfsarbeiter im Rang eines Ministerialrats im Preußischen Handelsministerium nach Berlin zurück. 1924 wurde er Ministerialdirektor im Reichsverkehrsministerium. Zugleich übernahm er den Vorsitz der Neckar AG Stuttgart und der Rhein-Main-Donau AG München. Von März 1933 an war er zuerst kommissarisch, dann Regierungspräsident in Hannover. Im April 1936 wurde er in den einstweiligen Ruhestand versetzt. Nach Kriegsende war er von 1946 bis 1953 erneut Landrat in Frankenberg. 1953 wurde er mit dem Großen Verdienstkreuz der Bundesrepublik Deutschland geehrt. Stapenhorst starb am 4. Dezember 1965.[91]

1936-1942 Rudolf Diels,

bis 1933 Oberregierungsrat in der Polizeiabteilung des Preußischen Innenministeriums, Sektion Deutsche Polizei, 1933-1934 Leiter des Geheimen Staatspolizeiamtes (Gestapo) in Berlin, 1933 SS-Standartenführer, dann SS-Oberführer, 1934-1936 Regierungspräsident in Köln, 1943 in den Wartestand versetzt, 1944 vorübergehend in Gestapo-Haft

1942-1945 Dr. Kurt-Georg Binding,

Mitglied der SS, 1942 Regierungspräsident und SS-Standartenführer in Hildesheim, löste am 21. März 1942 Rudolf Diels in Hannover ab

1945 Hinrich Wilhelm Kopf,

1928 Landrat in Thüringen, 1946-1955 Ministerpräsident des Landes Niedersachsen

1945-1946 Wilhelm Ellinghaus

1946-1959 Dorothea (Theanolte) Bähnisch,

1923-1926 Regierungsreferendarin in Münster, 1926-1930 Tätigkeit im Berliner Polizeipräsidium, März 1946 Regierungsvizepräsidentin von Hannover, 1949-1953 Vorsitzende des überparteilichen „Deutschen Frauenringes", auch Vizepräsidentin des Deutschen Rates der Europa-Union, 1959 Staatssekretärin in Bonn

1959-1966 Friedrich Seitz,

1927 Eintritt in die Stadtverwaltung, 1954 Wahl zum Stadtrat, 1958 Wahl zum Stadtdirektor, schied nach seiner Ernennung zum Regierungspräsidenten von Hannover am 28. Oktober 1959 aus den Diensten der Stadt, 1966 bis 1977 Mitglied des Niedersächsischen Staatsgerichtshofs, verlebte seinen Lebensabend in Rinteln, wo er 87-jährig starb

---

[91] SCHRULLE (2008), S. 696.

1966-1972 Hans Adolf de Terra,

1941 Referendar, bis 1945 Soldat, dann bei den Bezirksregierungen in Hannover und Hildesheim tätig, 1954 in der Niedersächsischen Staatskanzlei, ab 1955 im Innenministerium, zuletzt Leiter des Verteidigungsreferats, 1965 Leiter der Verkehrsabteilung im Niedersächsischen Ministerium für Wirtschaft und Verkehr[92]

1973-1977 Bernhard Baier,

1950 bis 1960 Präsident des Deutschen Schwimm-Verbandes, danach dessen Ehrenpräsident, 1950 Gründungsmitglied des Deutschen Sportbundes, dessen Präsidium er von 1950 bis 1962 angehörte, amtierte vom 5. Juli 1978 bis zum 31. August 1982 als Staatssekretär im Niedersächsischen Innenministerium

1977-1982 Wolfgang Senger

(1925-2009), trat 1963 in den Landesverwaltungsdienst ein und wurde zunächst als Regierungsrat bei der Bezirksregierung Hildesheim tätig. 1964 wurde er Kreisdirektor im Landkreis Northeim und von 1971 bis 1977 zum Oberkreisdirektor dieses Kreises gewählt. Die niedersächsische Landesregierung ernannte ihn 1977 zum Regierungspräsidenten von Hannover. Im Ruhestand war er noch als Syndikus für die Firma Sartorius in Göttingen tätig.

1982-1988 Dr. Eckart Lottermoser,

war vorher Oberregierungsrat in Aurich, schrieb: „Auf der Suche nach einer besseren Verwaltung" (Die öffentliche Verwaltung, 1989, S. 557 ff.)

1988-1990 Gottfried Jakob

(1935-2011), wurde in Kirchhorst beerdigt

1990-1991 Jan Henrik Horn

(1944-2002), ging 1991 als Staatssekretär in das niedersächsische Umweltministerium (bis 1994)

1992-1994 Dr. Hans-Albert Lennartz

(* 1949), war von 1995 bis 1999 niedersächsischer Landesvorsitzender von Bündnis 90/Die Grünen und von 2003 bis 2008 Mitglied des Niedersächsischen Landtages

1994-1998 Werner Greifelt,

zuletzt Staatssekretär im niedersächsischen Landwirtschaftsministerium, engagierte sich für die Schutzgemeinschaft Deutscher Wald, starb 2006

1998-2003 Gertraude Kruse

(* 1939), trat 1966 der SPD bei und war seit 21. Juni 1990 Mitglied des Niedersächsischen Landtages

---

[92] KLEIN (1969), S. 150.

Titelseite des Staats- und Adress-Kalenders für das Königreich Hannover auf das Jahr 1824.

330 Civ.=Etat. III. Verw. d. Regim.=, Pol.= u. Hoh.=Ang.   I. Landdrosteyen.   B. zu Hildesheim.   331

A. Landdrostey zu Hannover.
[46,077 W. und 341,448 E.]

(Der Geschäftskreis erstreckt sich
a) über das F. Calenberg, in welchem 6 größere Städte, 16 Aemter, 6 Kloster=Aemter und 15 Patrim.=Gerichte, mit 23,817 W. und 189,685 E.,
b) über die Grafschaft Hoya, in welcher eine große Stadt, 12 Aemter und 1 Patrim.=Gericht, mit 18,750 W. und 122,715 E., und
c) über die Grafsch. Diepholz, in welcher 2 Aemter, mit 3510 W. und 21,438 E.
sich befinden.
Die Landdrosten hält Mont., Mittw. u. Freyt. Vormittags ihre Sitzungen in dem, an der Calenbergerstraße sub Nro. 227 belegenen Nebenhause des Ministerial=Gebäudes.)

Landdrost.
Friedrich Wilhelm von Dachenhausen

Regierungs=Räthe.
Theodor Heinrich von Werlhof
Carl Wilhelm Lueder, Ober=Amtmann zu Weende   H.G.J.2.
Carl Ludewig August Mertens
August Wilhelm Ferdinand Mehlis
Georg Friedrich Wilhelm Unger, extr.

Hülfsarbeiter.
Theodor Conrad Witte, sup. Amts=Assessor
Adolph Friedrich, Graf von Platen=Hallermund, sup. Amts=Assessor   vi spec.
Hermann von Laffert, Amts=Assessor   com.
Rudolph Bairactar Flügge, sup. Amts=Assessor

Calculatur, Registratur und Canzley.
Commissair Conr. Schläger, Calculator
Joh. Friedr. Conr. Waymann, Calculator
H. C. B. Köhler, tit. Canzlist und Calculatur=Geh.
Friedr. Ad. Chr. Seyfarth, Registrator
Aug. Gottl. Weprich, Registratur=Geh.
Ant. Carl Alten, Canzlist
J. C. Kehle u. G. P. Damcke, tit. Canzlisten
A. C. C. Erythropel,   L. Marwedel   beeid.
F. Jörgensen,   G. Heins   Copiisten
J. Plincke,   L. Mahn
H. H. W. Marwedel, Bote

B. Landdrostey zu Hildesheim.
[50,588 W. und 364,494 E.]

(Der Geschäftskreis derselben erstreckt sich
a) über das F. Hildesheim, in welchem 6 größere Städte, 11 Aemter und 9 Patrim.=Gerichte, mit 21,894 W. und 162,913 E.,
b) über das F. Göttingen, in welchem 7 größere Städte, 11 Aemter, 3 Kloster=Aemter, 1 Stifts=Amt und 11 Patrim.=Gerichte, mit 16,373 W. und 113,646 E. (incl. der Stadt Göttingen mit 1182 W. und 10,644 E.)
c) über das F. Grubenhagen, in welchem 3 größere Städte und 8 Aemter, mit 10,910 W. und 73,366 E., und
d) über die Grafsch. Hohnstein, in welchen 1 Stifts=Amt und 3 Patrim.=Gerichte, mit 1411 W. und 9545 E.
sich befinden.
Die Sitzungen werden in dem, der Landdrostey überwiesenen, am Domplatze belegenen Gebäude Mont., Mittw. u. Freyt. gehalten.)

Landdrost.
Philipp Ernst von Landesberg   B.H.L.2.   S.E.H.2'.

Regierungs=Räthe.
Georg Friedrich von Engelbrechten S.E.H.3.
Johann Paul Wehner   P.R.A.3.   O.H.3.
Carl von Bar
Carl Friedrich Brauer, extr.
Franz Wilhelm Ferdinand Wippern, extr.

Hülfsarbeiter.
Carl Friedrich Gustav Scharlach, sup. Amts=Assessor
Carl Friedrich Otto Julius Kast, sup. Amts=Assessor   vi
Wilhelm Friedrich Claus von Linsingen, sup.   spec. Amts=Assessor   com.
Gustav Hermann von Witzendorff, sup. Amts=Assessor

Registratur.
Joh. Heinr. Ernst Beckmann, Registrator
Friedr. Albr. Meese, Registrator

Calculatur.
Gottl. Carl Christ. Heinr. Holst, Calculator
C. H. Heidemann P.D., Calculator
C. A. Rempen
A. L. Evers   Calculatur=Gehülfen.
F. W. Fromme

Canzley.
G. A. Helmers u. G. C. Hahn, Canzlisten
G. Fr. Germuth und D. Koch, tit. Canzlisten
A. Rempen und C. Wedig, beeid. Copiisten
C. C. Steinert, Pedell u. Bote   L.W.M. — S.E.M.

Hof- und Staats-Handbuch für das Königreich Hannover auf das Jahr 1844.
Repros (2): Blazek

73

Die Bevölkerungsentwicklung
des Regierungsbezirks Hannover:[93]

nach dem jeweiligen Gebietsstand

1823	38938 Wohngebäude und 274336 Einwohner[94]
1824	39088 Wohngebäude und 275220 Einwohner
1843	46077 Wohngebäude und 341448 Einwohner[95]
1846	46886 Wohngebäude und 343184 Einwohner
1851	47444 Wohngebäude und 339229 Einwohner[96]
1864	50449 Wohngebäude und 368973 Einwohner
1865	50667 Wohngebäude und 377394 Einwohner
1870	46054 Wohngebäude und 385957 Einwohner
1874	50113 Wohngebäude und 404996 Einwohner
1876	53554 Wohngebäude und 430244 Einwohner
1878	53650 Wohngebäude und 430059 Einwohner
1881	55989 Wohngebäude und 461709 Einwohner
1884	56164 Wohngebäude und 462099 Einwohner
1887	57923 Wohngebäude und 484880 Einwohner
1891	60701 Wohngebäude und 528094 Einwohner
1892	60522 Wohngebäude und 526212 Einwohner
1897	63134 Wohngebäude und 584465 Einwohner
1898	63016 Wohngebäude und 584465 Einwohner
1902	67748 Wohngebäude und 647908 Einwohner
1908	71269 Wohngebäude und 694779 Einwohner
1913	75376 Wohngebäude und 748115 Einwohner
1925	920134 Einwohner
1939	1018455 Einwohner
1946	1237391 Einwohner
1950	1381595 Einwohner
1967	1521148 Einwohner
1968	1520915 Einwohner
1970	1538043 Einwohner
1973	1721268 Einwohner
1977	2059998 Einwohner
1980	2056230 Einwohner
2000	2152759 Einwohner
2005	2163919 Einwohner

---

[93] Entnommen aus den Hannoverschen Staatskalendern; häufig wurden darin die Zahlen des Vorjahres oder auch der Vorjahre exakt übernommen, z. B. 1847 und 1848 jeweils die Angaben für 1846, sodass in solchen Fällen jeweils die erste Nennung maßgeblich ist.
[94] UBBELOHDE (1823).
[95] Zitat: „Landdrostey zu Hannover [46,077 W. und 341,448 E.]"
[96] Im Staatskalender auf das Jahr 1851 taucht erstmalig eine Flächenangabe auf: „47,444 W. und 339,229 E auf 109,$_{745}$ ²Meilen, 3091 E. per ²M."

Zu den sprachlichen Eigentümlichkeiten

In der vorliegenden Arbeit wurden viele Vorgänge zitiert, zum einen, um nicht Gefahr zu laufen, fehl zu interpretieren, zum anderen, um Leben in die Ausführungen zu bringen. Vielfach erscheint es heute im Allgemeinen interessant, wie gewählt man sich „damals" ausdrückte, besonders dann, wenn Schriftverkehr mit übergeordneten Stellen geführt wurde.

Was die Grammatik, Interpunktion und Orthographie in den Quellentexten angeht, so wurden diese Dinge weitestgehend in ihrem Originalzustand belassen, sogar dann, wenn sie nach heutigen Maßstäben als Fehler auszulegen sind.

Nach Möglichkeit hat der Chronist versucht, die Textformatierungen der Originale zu übernehmen.

Berücksichtigt wurden „y" statt „i" am Wortende („bey", „Landdrostey"), „th" statt „t" („Abtheilung", „Amtseintheilung", „Fürstenthum", „Landrath", „nachtheilig", „rathsam", „Theil", „theils", „Unterabtheilung", „Wirthshaus", „wünschenswerth") und „mm" anstelle von „m" („gesammten"). Auch wurden Wörter, wie „hiedurch", „Kenntniß", „sämmtliche" und „Hülfsarbeiter", in ihrer damaligen Schreibweise belassen.

Personen- und Ortsnamen wurden entsprechend der Vorlage gedruckt. Auch die Schreibung der Fremdwörter blieb unverändert („Competenz", „installirt", „okkupirt", „organisiren", „publicirt", „succedirt"); auf eine Normalisierung wurde verzichtet, da die Schreibweise etwas über den Grad der Eindeutschung aussagt. Die Zeichensetzung wurde in wörtlichen Passagen stets beibehalten.

Die neue deutsche Rechtschreibung wurde in den wörtlichen Textpassagen bewusst vernachlässigt.

Übernommen wurde schließlich in jedem Fall das Gleichheitszeichen, welches noch zu Beginn des 20. Jahrhunderts vielfach als Bindestrich gesetzt wurde.

Die im Buch regelmäßig verwendete Abkürzung NLA-HStA Hannover steht für Niedersächsisches Landesarchiv -Hauptstaatsarchiv Hannover-.

Bewährte Mittelbehörde in Agonie

Pressestimmen zur Erstauflage

Matthias Blazek

Von der Landdrostey zur Bezirksregierung

Die Geschichte der Bezirksregierung Hannover im Spiegel der Verwaltungsreformen

Matthias Blazek legt Buch über Regierung vor

ADELHEIDSDORF (ab). Der Adelheidsdorfer Matthias Blazek (Foto) hat sein erstes Buch veröffentlicht, das deutschlandweit zu beziehen ist. Seit 2002 hat der 38-Jährige sich mit der Geschichte der Bezirksregierung Hannover beschäftigt. Eine 30-seitige Seminararbeit, die er während seine Studiums an der Fachhochschule für Allgemeine Verwaltung in Hildesheim schrieb, bildete die Grundlage für das jetzt 101 Seiten umfassende Buch. Damit legte Blazek kurz vor der Auflösung der Bezirksregierungen erstmals eine Chronik dieser Institution vor. *Matthias Blazek: „Von der Landdrostey zur Bezirksregierung". ibidem-Verlag Stuttgart, 14,80 Euro, ISBN: 3-89821-357-9.*

Bewährte Mittelbehörde in Agonie

Matthias Blazek schreibt die Geschichte unserer Bezirksregierung

LANDKREIS (wm). Es war ein umstrittener Beschluss, aber nun ist er nicht mehr rückgängig zu machen: Abschaffung der Bezirksregierungen. Seit wann es sie überhaupt gegeben hat, wie sie zustande kamen und welche Aufgaben ihnen übertragen wurden, dem ist Matthias Blazek nachgegangen. In Schaumburg kennt man diesen Autor vor allem durch seine fundierten Feuerwehrchroniken. Zuletzt hat er in mühevoller Archivarbeit eine ausführliche Geschichte der Bezirksregierung Hannover erstellt, die mit interessanten Dokumenten bebildert ist.

Was interessiert mich das? mag der Laie denken, den die Verwaltungsstrukturen nicht direkt angehen. Wer aber ein wenig geschichtliches Interesse hat, der findet in dem Büchlein, was er gern wissen möchte. Dass vor 180 Jahren mit den „Landdrosteien" im Kurfürstentum/Königreich Hannover Behörden der Mittelstufe entstanden, aus denen später acht Bezirksregierungen hervorgingen, Matthias Blazek erklärt sogar die räumlichen Ursprünge in der Stadt Hannover. Die Französenzeit mit ihrem „Département Aller" war gerade vorüber, in einer entsprechenden Urkunde kommen heimatliche

Matthias Blazek

Von der Landdrostey zur Bezirksregierung

Die Geschichte der Bezirksregierung Hannover im Spiegel der Verwaltungsreformen

ibidem

Der Buchdeckel zeigt das modernste Domizil, bezogen erst 1995.

Namen vor: quartier de Lauenau, cantons de Obernkirchen, Sachsenhagen et Rodenberg. In der neu gebildeten Landdrostey Hannover hatte das Königliche Amt Lauenau 628 Feuerstellen und 4464 Einwohner. Das war 1823. Als Hannover 1866 preußisch wurde, beließ man es bei dem vergleichsweise kleinen Zuschnitt und benannte die Drostei-

en erst 1883 in Bezirksregierungen um. Immer wieder stellt der Verfasser auch die sich verändernden Aufgabenbereiche dar und nennt die zugehörigen Einwohnerzahlen.

Der Kreis Grafschaft Schaumburg taucht am 1. August 1932 auf, als er von Kassel in den Regierungsbezirk Hannover umgemeindet wurde. Schaumburg-Lippe mit den Kreisen Bückeburg und Stadthagen bei der Bildung des Landes Niedersachsen am 1. November 1946. Die Verwaltungs- und Gebietsreform von 1974/77 wird kurz beleuchtet. Nur noch vier (statt acht) Bezirksregierungen, nur 1027 (statt 3973) Gemeinden. Als Matthias Blazek das Buch im vorigen Jahr in den Druck gab, waren die Würfel über die Bezirksregierung Hannover mit ihren 1500 Beschäftigten noch nicht endgültig gefallen. „Auflösung oder Weiterbestehen?" heißt sein letztes Kapitel; aus heutiger Sicht: Argumente. Am Schluss werden alle Landdroste und Regierungspräsidenten seit 1823 einzeln aufgeführt und charakterisiert. Das Büchlein „Von der Landdrostey zur Bezirksregierung" (100 Seiten) ist im ibidem-Verlag Stuttgart erschienen und kostet 14,80 Euro.

Foto: wm

links: Cellesche Zeitung vom 14. September 2004, oben: Schaumburger Wochenblatt vom 9./10. April 2005, unten: Niedersächsische Verwaltungsblätter 10/1994

Neuerscheinungen

Blazek, Matthias: Von der Landdrostey zur Bezirksregierung: Die Geschichte der Bezirksregierung Hannover im Spiegel der Verwaltungsreformen. Stuttgart: ibidem, 2004, 102 S., 14,90 EUR

Ein Blick in das Findbuch

der

Landdrostei Hannover

(1806-1870)

–

einzusehen

im

Niedersächsisches Landesarchiv

-Hauptstaatsarchiv Hannover-

	A. G e n e r a l - Akten		
	(Landdrosteiliche Hausangelegenheiten) [1]		
	(2. Personal)		
	(a. Mitglieder und Hilfsarbeiter)		
1	Die Ernennung des Landdrosten v. D a - c h e n h a u s e n	1829 - 55	(15)
2	Die Parochial- Verhältnisse des Land-drostei-Personals	1832 - 51	(19)
3	Das dem Amts-Assessor M e h l i s bei-gelegte Votum, Adhibierung desselben zu Arbeiten im Kgl. Ministerio	1832 - 34	(21)
4	Die Besoldungen der (ordentlichen) Regie-rungsräte	1839	(28)
5	Das Personal der Kgl. Landdrostei	1839	(29)
6	Amtsassessor M e d i n g, Hilfsarbeiter	1859 - 66	(30^{20})
7	Amtsassessor v. B ü l o w, Hilfsarbeiter	1853 - 65	(30^{23})
8	Die Teilnahme des Amtsassessors G r o t e an den Sitzungen der Kgl. Landdrostei	1862 - 63	(30^{24})

————————————

[1] Vom Bearbeiter für diese Aktengruppe gegebener Sammelbetreff

	A. G e n e r a l = Akten		2
	(Landdrosteiliche Hausangelegenheiten) (2 Personal a. Mitglieder und Hilfsarbeiter)		
9	T a p p e n, Regierungs- Assessor	1868	$(3o^{26})$
1o	Die Anstellung des Regierungsrats M a e r t e n s, des Regierungsrats U n g e r und des Regierungsrats v. B o r r i e s	1843 - 68	(31)
11	Das zur Disposition der Landdrostei stehende Freibillet zum Hoftheater	1823 - 38	(32)
12	Die Verhältnisse der Hilfsarbeiter	1844 - 57	(33)
13	Die Anstellung des Regierungsrats W i p p e r n	1848 - 68	(34)
14	Die Anciennitätsverhältnisse der Regie- rungsräte und Assessoren im Collegio	1852	(35)
15	Die Nebenbeschäftigung der Regierungs- räte und Hilfsarbeiter	1851 - 52	(37)
16	Versetzung des Landdrosten Frh. v. B ü l o w zu Stade in gleicher Eigen- schaft an die hiesige Landdrostei	1835 - 61	(38)

	A. G e n e r a l = Akten		3
	(Landdrosteiliche Hausangelegenheiten)		
	(2 Personal		
	a. Mitglieder und Hilfsarbeiter)		
17	Die Teilnahme der Mitglieder und Hilfs-arbeiter der Kgl. Landdrostei an Hof-festen	1853 - 58	(39)
18	Die Ernennung des Geheimen-Rats und Landdrosten v. B a r	1862 - 65	(40)
19	Amts-Assessor Frh. v. S t r a l e n - h e i m. Hilfsarbeiter, später Regie-rungsrat	1850 - 67	(41)
	(3 Lokal, Feuerung pp.)		
20	Bewappnung des Landdrosteigebäudes	1827	(6)
21	Reglement über das Bauwesen der den Landesbehörden angehörigen Gebäude und Bauwerke, i. sp. Baumängel des Land-drosteigebäudes und Erleuchtung dess.	1831 - 65	(8)
22	Die Verlegung des Geschäftslokals der Kgl. Landdrostei in das vorm. Samsonsche jetzt herrschaftliche Haus an der klei-nen Brandstrasse, ingl. die Dekoration und Möblierung des neuen Geschäftslo -kals	1834 - 70	(13)

Literaturverzeichnis

ARCHITEKTEN- UND INGENIEUR-VEREIN ZU HANNOVER (1882): Hannover, Führer durch die Stadt und ihre Bauten, hrsg. vom Architekten- und Ingenieur-Verein zu Hannover, Curt R. Vincentz Verlag, Hannover 1882, 6. Nachdruckaufl. 1991

BEZIRKSREGIERUNG HANNOVER (1985): Begleitheft zur Ausstellung 100 Jahre Bezirksregierung Hannover, Hannover 1985

BLAZEK (2004): Matthias Blazek, Von der Landdrostey zur Bezirksregierung – Die Geschichte der Bezirksregierung Hannover im Spiegel der Verwaltungsreformen, ibidem, Stuttgart 2004, ISBN 3-89821-357-9

BLAZEK (2007): Matthias Blazek, Das Kurfürstentum Hannover und die Jahre der Fremdherrschaft 1803-1813, ibidem, Stuttgart 2007, ISBN 3-89821-777-9

BLAZEK (2011): Matthias Blazek, Die Anfänge des Celler Landgestüts und des Celler Zuchthauses sowie weiterer Einrichtungen im Kurfürstentum und Königreich Hannover 1692-1866, ibidem, Stuttgart 2011, ISBN 978-3-8382-0247-1

BLAZEK (2012): Matthias Blazek, „Wie bist du wunderschön!" Westpreußen – Das Land an der unteren Weichsel, ibidem, Stuttgart 2012, ISBN 978-3-8382-0357-7

BRÜNING (1886): Heinrich Brüning, Oberbürgermeister in Osnabrück und Mitglied des Herrenhauses, Die Preußische Verwaltungs-Gesetzgebung für die Provinz Hannover nebst den Hannoverschen Gemeindeverfassungsgesetzen, Hannover 1886; 3., bedeutend vermehrte Auflage, Verlag von Carl Meyer (Gustav Prior) Hannover-List, Berlin 1906

DEETERS/THIELKE (2007): Walter Deeters und Martin Tielke, Carl Detlev Freiherr Marschalck von Bachtenbrock, in: Biographisches Lexikon der Stiftung Ostfriesische Landschaft, Band 4, Aurich 2007, S. 295-297

DRONSCH (1988): Gerhard Dronsch, Die Landesverwaltung, Aufsatz, abgedruckt in: Niedersachsen – Politische Landeskunde, hrsg. von der Niedersächsischen Landeszentrale für politische Bildung, 2., verbesserte Aufl., Schlütersche Verlagsanstalt, Hannover 1988

FABER (1985): Heiko Faber, „100 Jahre Bezirksregierung Hannover", in: Die Öffentliche Verwaltung, Heft 23/1985, S. 989-997

FETSCHER (1962): Adolph Freiherr von Knigge: Über den Umgang mit Menschen, ausgewählt und eingeleitet von Iring Fetscher, Fischer Bücherei KG, Frankfurt am Main und Hamburg 1962

FISCHER (2011): Nils Fischer, Wie Laatzen Stadt wurde, Laatzen 2011

FRANZ (1955): Günther Franz, Verwaltungsgeschichte des Regierungsbezirks Lüneburg, Walter Dorn Verlag, Bremen 1955

KAEMLING (1987): Werner Kaemling, Atlas zur Geschichte Niedersachsens, 3., überarbeitete und erweiterte Auflage, Gerd J. Holtzmeyer Verlag, Braunschweig 1987

KLEIN (1969): Rudolf Klein [Hrsg.], Niedersachsenlexikon, Umschau Verlag, Frankfurt am Main 1969

KLEIN (1983): Thomas Klein, „Königreich Hannover", Aufsatz, in: Deutsche Verwaltungsgeschichte, Band 2, Vom Reichsdeputationshauptschluss bis zur Auflösung des Deutschen Bundes, Deutsche Verlagsanstalt, Stuttgart 1983

MEIER (1899): Ernst von Meier, Hannoversche Verfassungs- und Verwaltungsgeschichte 1680-1866, Zweiter Band: Die Verwaltungsgeschichte, Verlag von Duncker & Humblot, Leipzig 1899

MEYER (1937): Meyers Lexikon, 8. Aufl., 3. Bd., Bibliographisches Institut AG., Leipzig 1937

MLYNEK/RÖHRBEIN (2009), Klaus Mlynek [Hrsg.] und Waldemar R. Röhrbein [Hrsg.], Stadtlexikon Hannover – Von den Anfängen bis in die Gegenwart, Hannover 2009

MOHR (2001): Daniel Mohr, Auseinandersetzungen um Gewerbereformen und um die Einführung der Gewerbefreiheit im Königreich Hannover, Dissertation zur Erlangung des philosophischen Doktorgrades an der Philosophischen Fakultät der Georg-August-Universität zu Göttingen, Göttingen 2001

NEß/RÜTTGERODT-RIECHMANN/WEIß/ZEHNPFENNIG (1983): Baudenkmale in Niedersachsen 10.1, Stadt Hannover, Teil 1, bearb. von Wolfgang Neß, Ilse Rüttgerodt-Riechmann, Gerd Weiß, Marianne Zehnpfennig, Friedr. Vieweg & Sohn, Braunschweig und Wiesbaden 1983

NIEDERSÄCHSISCHES LANDESVERWALTUNGSAMT (1967): Niedersächsisches Landesverwaltungsamt [Bearb.], Verwaltungsatlas des Landes Niedersachsen, Hannover 1967

NÖLDEKE (1979): Arnold Nöldeke, Kunstdenkmälerinventare Niedersachsens, Band 17: Die Kunstdenkmale der Stadt Hannover, 1. Teil (Denkmäler des „alten" Stadtgebietes Hannover), H. Th. Wenner, Osnabrück 1979

OBERSCHELP (1982): Reinhard Oberschelp, Niedersachsen 1760-1820, Band 2, Verlag August Lax, Hildesheim 1982

OHEIMB (1980): Eckard von Oheimb, Niedersachsen – Konturen eines Bundeslandes, hrsg. von der Niedersächsischen Landeszentrale für politische Bildung, Hannover 1980

POESTGES (1985-1): Dieter Poestges, Unterlagen für die Rede von Ministerpräsident Dr. Ernst Albrecht zum 100-jährigen Bestehen der Bezirksregierung Hannover am 01.07.1985

POESTGES (1985-2): Dieter Poestges, Die Mittelinstanz im Wandel der Zeit – zum 100jährigen Bestehen der Bezirksregierung Hannover, Eigenverlag, Hannover 1985

REDEN (1839): Friedrich Wilhelm von Reden, Das Königreich Hannover statistisch beschrieben: zunächst in Beziehung auf Landwirtschaft, Gewerbe und Handel, 2 Bde., Hannover 1839

REGIERUNGSPRÄSIDENT HANNOVER (1952): Denkschrift des Regierungspräsidenten in Hannover zur Frage der Beibehaltung der staatlichen Mittelinstanz im Zuge einer Verwaltungsreform des Landes Niedersachsen, Hannover 1952

REGIERUNGSPRÄSIDENT HANNOVER (1968): Regierungspräsident Hannover [Hrsg.], In neuen Räumen: Die Regierung in Hannover – Ein paar Worte auf losen Blättern zum Einzug in das neue Regierungsgebäude Am Waterlooplatz 11 Oktober/November 1968, Hannover 1968

ROTHERT (1914): Wilhelm Rothert, Hannoversche Biographie, Band 2 (von 3): Im alten Königreich Hannover 1814-1866, Adolf Sponholtz Verlag, Hannover 1914

RÜGGEBERG (1994): Helmut Rüggeberg, „Statistik der Orte des heutigen Kreises Celle vor 1866", in: Celler Chronik 6, Celle 1994, S. 55 ff.

SCHEEL (1971): Günter Scheel, Der Regierungsbezirk Hannover als geschichtliche Landschaft, in: Niedersachsen. Territorien – Verwaltungseinheiten – geschichtliche Landschaften, hrsg. v. Carl Haase, Göttingen 1971

SCHNATH (1959): Georg Schnath, Die geschichtliche Entwicklung, Aufsatz, abgedruckt in: Regierungsbezirk Hannover, hrsg. von Theanolte Bähnisch, Oldenburg 1959

SCHNATH (1979): Georg Schnath, u. a., Geschichte des Landes Niedersachsen, 3., ergänzte Auflage, Verlag Ploetz KG Würzburg, Hannover 1979

SCHRULLE (2008): Hedwig Schrulle, Verwaltung in Diktatur und Demokratie – Die Bezirksregierungen Münster und Minden/Detmold von 1930 bis 1960, Ferdinand Schöningh, Paderborn, München, Wien, Zürich 2008

SCHULZE (2009): Peter Schulze, Bankhaus Ephraim Meyer & Sohn, in: Stadtlexikon Hannover – Von den Anfängen bis in die Gegenwart, hrsg. von Klaus Mlynek und Waldemar R. Röhrbein, Hannover 2009

SIEMANN (1985): Wolfram Siemann, „Deutschlands Ruhe, Sicherheit und Ordnung" – Die Anfänge der politischen Polizei 1806-1866, Max Niemeyer Verlag, Tübingen 1985 (= Studien und Texte zur Sozialgeschichte der Literatur, Bd. 14)

SINGER/FLIEDNER (1970): Harms Landeskunde: Niedersachsen, bearb. von Peter Singer und Dietrich Fliedner unter Verwendung einer Materialsammlung von Prof. Kurt Brüning, Paul List Verlag, München 1970

SPILCKER/BROENNENBERG (1833): Vaterländisches Archiv für Hannoverisch-Braunschweigische Geschichte, als Fortsetzung der Spiel- und Spangenbergschen Zeitschrift hrsg. von einem Vereine vaterländischer Geschichtsfreunde durch Burchard Christian von Spilcker und Adolph Broennenberg, Jahrg. 1833, Heft I, mit einer geographischen Charte, Herold und Wahlstab, Lüneburg 1833

STATISTISCHES TASCHENBUCH NIEDERSACHSEN (2000): Angaben aus dem Statistischen Taschenbuch Niedersachsen, Ausgabe 2000, des Niedersächsischen Landesamtes für Statistik

UBBELOHDE (1823): Wilhelm Ubbelohde, Statistisches Repertorium über das Königreich Hannover, Hahn'sche Hofbuchhandlung, Hannover 1823

VENTURINI (1826): Chronik des neunzehnten Jahrhunderts, 20. Bd., Jahr 1823, von Dr. Carl Venturini, Johann Friedrich Hammerich, Altona 1826

WEGNER (1967): Goethes Werke, Hamburger Ausgabe, Band XII, 6. Aufl., Christian Wegner Verlag, Hamburg 1967

WINKEL (1984): Harald Winkel, „Landwirtschaftswesen", Aufsatz, in: Deutsche Verwaltungsgeschichte, Band 3, Das Deutsche Reich bis zum Ende der Monarchie, Deutsche Verlagsanstalt, Stuttgart 1984

WRAGE (2001): Michael Wrage, Der Staatsrat im Königreich Hannover 1839-1866 (Juristische Schriftenreihe, Bd. 161), Münster 2001

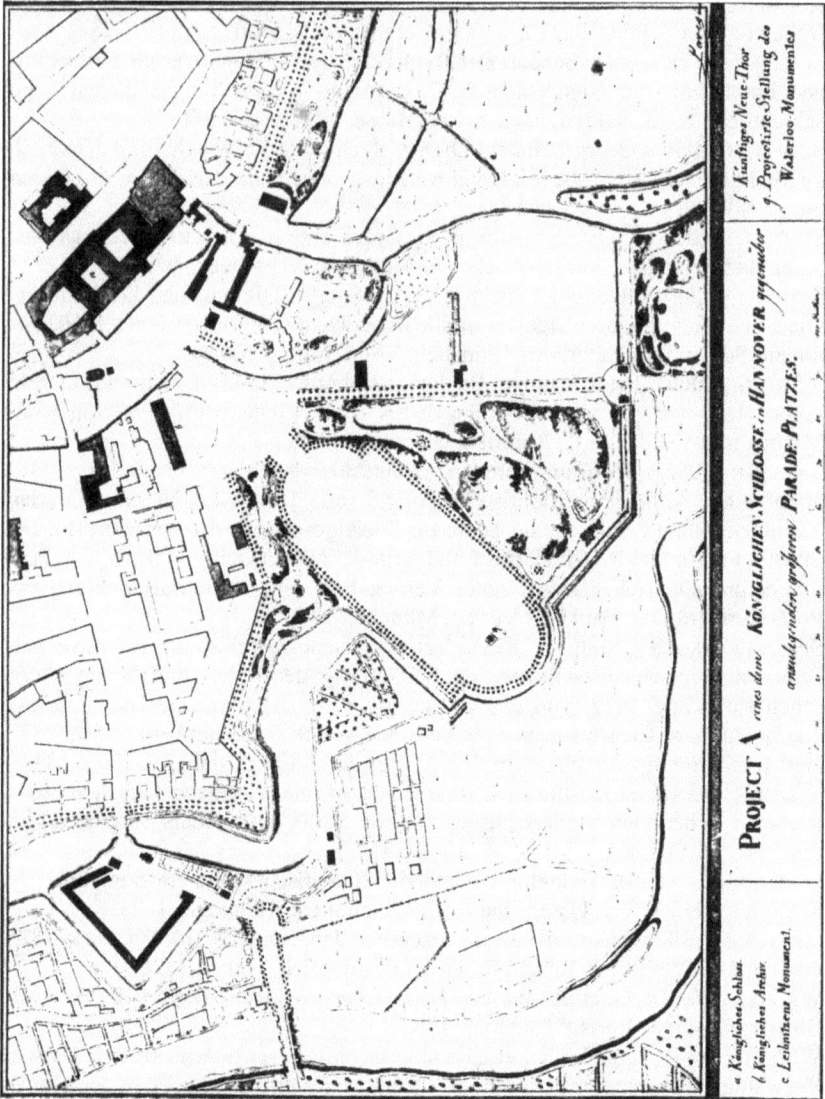

Im März 1825 reichte der hannoversche Hofbaumeister und spätere Oberhofbaudirektor Georg Ludwig Friedrich Laves (1788-1864) zwei schön gezeichnete Pläne zum Projekt „eines dem Königlichen Schlosse in Hannover gegenüber anzulegenden größeren Parade-Platzes" beim Kabinettsministerium ein. Rechts unten signierte er diese Federzeichnung, die farbig aquarelliert wurde. NLA-HStA Hannover 12c/Hannover 81, 4 pk

Georg der Fünfte, von Gottes Gnaden König von Hannover, Königlicher Prinz von Großbritannien und Irland, Herzog von Cumberland, Herzog zu Braunschweig und Lüneburg 2c. 2c.

Zur Ausführung des §. 9 des Gesetzes vom 5ten September 1848 und des Gesetzes über die Gerichtsverfassung vom 8ten November 1850 erlassen Wir mit Bezugnahme auf die Amtsordnung vom 16ten d. M. folgende Geschäftsordnung für die Landdrosteien.

I. Wirkungskreis der Landdrosteien.

§. 1.

Die Landdrosteien haben in ihrem Bezirke die gesammte öffentliche Verwaltung in höherer Instanz zu führen, soweit sie nicht anderen Behörden 2c. überwiesen ist,

letztere in ihrer Thätigkeit zu unterstützen

und überhaupt das Gemeinwohl nach Kräften zu fördern.

§. 2.

Zu ihrem Wirkungskreise gehören nach näherer Bestimmung der Gesetze und sonstigen Vorschriften insbesondere folgende Gegenstände:

1) die in den §§. 2, 3, 9 bis 17 der Amtsordnung aufgeführten Verwaltungssachen (Hoheitssachen, Militairsachen, Landgemeindesachen, Gewerbesachen, Landwirthschaftssachen, Wegesachen, Wasserbausachen, Feuer- und Baupolizei, Gesundheitspolizei, Sicherheitspolizei, Sitten- und Ordnungspolizei).

Vergl. §. 21 und 22.

§. 3.

2) Der Wirkungskreis der Landdrosteien begreift ferner die Gemeindeverwaltung der selbständigen Städte.

§. 4.

3) Desgleichen Gemeinheitstheilungs- und Verkoppelungssachen, so wie die Ablösungs- und Allodificationssachen, welche in der unteren Instanz an besondere Commissionen gehören.

§. 5.

4) Zum Wirkungskreise der Landdrosteien gehört ferner die Chausseeverwaltung.

§. 6.

5) Die Landdrosteien haben die ihnen überwiesenen Staats- 2c.- Anstalten, nämlich die M dicinalanstalten (unter Mitwirkung des Ober-Medicinalcollegiums), Lehranstalten, Strafanstalten (

Geschäftsordnung vom 25. September 1852.

Zweiter Abschnitt.
Bezirksbehörden.

1. Regierungspräsident und Bezirksregierung.

§ 17.

An die Spitze der Bezirksregierung am Sitze des Oberpräsidenten tritt, unter Wegfall des Regierungsvizepräsidenten, ein Regierungspräsident. Der Oberpräsident ist fortan nicht mehr Präsident dieser Regierung.

§ 18.

Die Regierungsabtheilung des Innern wird aufgehoben. Die Geschäfte derselben werden, soweit nicht durch das gegenwärtige Gesetz abweichende Bestimmungen getroffen sind, von dem Regierungspräsidenten mit den der Regierung zustehenden Befugnissen verwaltet.

§ 19.

Dem Regierungspräsidenten wird für die ihm persönlich übertragenen Angelegenheiten ein Oberregierungsrath und die erforderliche Anzahl von Räthen und Hülfsarbeitern, von denen mindestens einer die Befähigung zum Richteramte haben muß, beigegeben, welche die Geschäfte nach seinen Anweisungen bearbeiten.

Diese Beamten können zugleich bei der Regierung beschäftigt werden und nehmen an den Plenarberathungen derselben nach Maßgabe der für die Regierungsmitglieder bestehenden Vorschriften Theil.

Die Mitglieder der Regierung können von dem Regierungspräsidenten zur Bearbeitung der ihm übertragenen Geschäfte herangezogen werden.

§ 20.

Die Stellvertretung des Regierungspräsidenten in Fällen der Behinderung erfolgt durch den ihm beigegebenen Oberregierungsrath, und wenn auch dieser behindert ist, durch einen Oberregierungsrath der Bezirksregierung. Die zuständigen Minister sind befugt, in besonderen Fällen eine andere Stellvertretung anzuordnen.

§ 20. Wegen der Stellvertretung des Regierungspräsidenten im Bezirksausschusse trifft § 30 dieses Gesetzes besondere Bestimmung.

§ 21.

Die Geschäfte der Regierungen zu Stralsund und zu Sigmaringen, soweit sie zur Zuständigkeit der Regierungsabtheilung des Innern gehören, werden nach Maßgabe des § 18 von den Regierungspräsidenten verwaltet. Die Mitglieder der Regierung bearbeiten die Geschäfte nach den Anweisungen des Präsidenten.

Die Stellvertretung des Präsidenten in Fällen der Behinderung erfolgt durch ein von den zuständigen Ministern beauftragtes Mitglied der Regierung.

§ 21. Vergl. wegen der Regierungen in der Provinz Hannover § 25 dieses Gesetzes.

§ 22.

Bei den Regierungen zu Danzig, Erfurt, Münster, Arnsberg, Koblenz, Köln, Aachen und Trier tritt an die Stelle der Abtheilung des Innern

Landesverwaltungsgesetz vom 30. Juli 1883.

Vorwort

„100 Jahre Bezirksregierung Hannover" — und als staatliche Mittelinstanz ist die Bezirksregierung sogar noch älter, wie es uns Herr Archivoberrat Dr. Dieter Poestges in diesem Heft darlegt. Da wird sich mancher Leser fragen, ob die Bezirksregierung nicht zu alt und ob sie nicht eine überholte Einrichtung sei.

Ich meine, die Grundidee bleibt. Es hat sich vieles im Laufe der Jahre gewandelt — die Aufgaben, die Formen und Stile, die Arbeitsmethoden haben sich ständig gewandelt, wie es die Ausstellung belegt, die dieses Heft begleitet. Aber die Grundidee hat sich gerade dadurch als erstaunlich anpassungsfähig und damit als bestandskräftig erwiesen. Unterhalb der nach Fachgebieten gegliederten Ressorts bedarf es einer Behörde, die die Aufgaben des Landes zusammenfassend wahrnimmt und für einen einheitlichen Verwaltungsvollzug sorgt. Die Vielfalt der Staatsaufgaben zu bündeln, für die Vollziehbarkeit der landespolitischen Vorhaben zu sorgen und Mittler zwischen Land und Kommunen zu sein, ist ein schöner Auftrag. So führt uns der geschichtliche Rückblick das Wesentliche einer Mittelinstanz vor Augen und macht uns unseren Auftrag neu bewußt.

[Unterschrift]

Regierungspräsident

1985 feierten die Bezirksregierungen in Niedersachsen ihren 100. Geburtstag. Regierungspräsident Dr. Eckart Lottermoser schrieb das Vorwort für die hannoversche Festschrift.

Organisationsplan für die Bezirksregierung Hannover

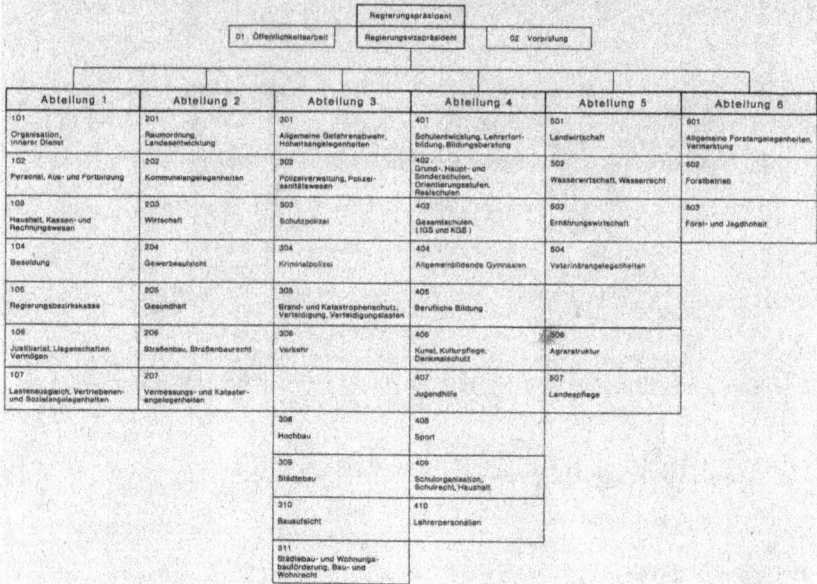

Regierungspräsident

01 Öffentlichkeitsarbeit | Regierungsvizepräsident | 02 Vorprüfung

Abteilung 1	Abteilung 2	Abteilung 3	Abteilung 4	Abteilung 5	Abteilung 6
101 Organisation, Innerer Dienst	201 Raumordnung, Landesentwicklung	301 Allgemeine Gefahrenabwehr, Höheitsangelegenheiten	401 Schulentwicklung, Lehrerfortbildung, Bildungsberatung	501 Landwirtschaft	601 Allgemeine Forstangelegenheiten, Vermarktung
102 Personal, Aus- und Fortbildung	202 Kommunalangelegenheiten	302 Polizeiverwaltung, Polizeisanitätswesen	402 Grund-, Haupt- und Sonderschulen, Orientierungsstufen, Realschulen	502 Wasserwirtschaft, Wasserrecht	602 Forstbetrieb
103 Haushalt, Kassen- und Rechnungswesen	203 Wirtschaft	303 Schutzpolizei	403 Gesamtschulen (IGS und KGS)	503 Ernährungswirtschaft	603 Forst- und Jagdhoheit
104 Besoldung	204 Gewerbeaufsicht	304 Kriminalpolizei	404 Allgemeinbildende Gymnasien	504 Veterinärangelegenheiten	
105 Regierungsbezirkskasse	205 Gesundheit	305 Brand- und Katastrophenschutz, Verteidigung, Verteidigungslasten	405 Berufliche Bildung		
106 Justitiariat, Liegenschaften, Vermögen	206 Straßenbau, Straßenbaurecht	306 Verkehr	406 Kunst, Kulturpflege, Denkmalschutz	506 Agrarstruktur	
107 Lastenausgleich, Vertriebenen- und Sozialangelegenheiten	207 Vermessungs- und Katasterangelegenheiten		407 Jugendhilfe	507 Landespflege	
		308 Hochbau	408 Sport		
		309 Städtebau	409 Schulorganisation, Schulrecht, Haushalt		
		310 Bauaufsicht	410 Lehrerpersonalien		
		311 Städtebau- und Wohnungsbauförderung, Bau- und Wohnrecht			

Verwaltungsgliederung der Bezirksregierung Hannover, 1985. Festschrift von 1985.

DER REGIERUNGSBEZIRK HANNOVER

Frau Regierungspräsident Theanolte Bähnisch

Der Regierungsbezirk Hannover bildet das *Kernstück des Landes Niedersachsen*. Er liegt geographisch zentral, so daß mit Ausnahme des Regierungsbezirks Aurich sämtliche niedersächsischen Regierungs- und Verwaltungsbezirke unmittelbar benachbart sind. Ferner liegt die Landeshauptstadt Hannover — zugleich Sitz des Regierungspräsidenten — im Bezirk und mit ihr auch das Schwergewicht des niedersächsischen Industrie- und Handelslebens.

Die *Grenzen* des Regierungsbezirks — mit einer Einwohnerzahl von etwa 1,4 Millionen der meist bevölkerte des Landes — sind im Zuge der historischen Entwicklung entstanden und entsprechen nicht den geographischen Gegebenheiten. Dafür ist der Bezirk *landschaftlich* sehr vielseitig: den Geest- und Marschlandschaften sowie Moorgebieten im Norden schließt sich südlich eine den Bezirk von Westen nach Osten durchziehende Zone des Mittelgebirgsvorlandes mit sehr fruchtbaren Lößböden an; im Süden erstreckt sich der Regierungsbezirk in die deutschen Mittelgebirgslandschaften mit dem schönen Weserbergland und den ihm vorgelagerten Höhenzügen des Süntels, des Iths usw. Diese Zonen in süd-nördlicher Richtung schneidend bildet die Weser mit ihren Tälern und weiten Niederungsmulden eine Schwerlinie, die auch für den Verkehr von besonderer Bedeutung ist.

Hinsichtlich des *Verkehrs* bietet der Regierungsbezirk besondere Vorzüge. Die alten Heer- und Handelsstraßen durchzogen das Gebiet vornehmlich von Süden nach Norden, das Leinetal war dabei eine der wichtigsten Linien. Die Leine selbst hat ihre Bedeutung für den Verkehr heute verloren; im Süden aber ziehen sich auch jetzt noch wichtige Linien sowohl des Schienen- wie auch des Straßenverkehrs im Leinetal hin. Mit der Entwicklung der Eisenbahn trat ein neues Moment hinzu: der zunehmende West-Ost-Verkehr suchte sich seine Wege an der Grenze zwischen Mittelgebirge und Ebene. Den gleichen Weg wählte man beim Bau der künstlichen Wasserstraße des Mittellandkanals und später auch beim Bau der Autobahn Berlin—Ruhrgebiet. Und so gewann Hannover, am sogenannten „Nordkap" des deutschen Mittelgebirges" und zugleich im Schnittpunkt des West-Ost-Verkehrs mit dem Nord-Süd-Verkehr gelegen, eine hervorragende Bedeutung. Diese wird durch Fertigstellung der Autobahn Hamburg—Süddeutschland mit dem Eckverkehr Hamburg—Ruhrgebiet und dem Anschluß von Bremen an diese Bahn weiterhin noch gesteigert werden. Aber auch andere wichtige Ver-

kehrslinien durchziehen den Regierungsbezirk, wobei nur an die stark befahrenen Verbindungen Bremen—Münster—Ruhrgebiet gedacht zu werden braucht, zu denen bald noch die Autobahn „Hansalinie" als Verbindung zwischen den Seehäfen Hamburg und Bremen mit dem westdeutschen Industriegebiet kommen wird. Die günstige Lage des Regierungsbezirkes im Gesamtverkehrsnetz mit Verkehrsbahnen von zum Teil europäischem Range bildete eine der wichtigsten Grundlagen für eine rege industriell-gewerbliche Entwicklung und für eine bedeutsame Ausweitung des Handels.

Noch vor 100 Jahren lag das volkswirtschaftliche Schwergewicht bei der Land- und Forstwirtschaft, dem Handwerk und dem Kleingewerbe. Die *Landwirtschaft* spielt auch heute noch eine beachtliche Rolle, z. B. der Ackerbau auf den fruchtbaren Lößböden des Calenberger Landes, die Viehzucht in den nördlichen Teilen des Regierungsbezirks. Im übrigen aber haben sich naturgemäß Industrie, Handel und Verkehr in den Vordergrund gespielt. Von den Erwerbstätigen im Regierungsbezirk arbeiten 56,8 % in diesen Erwerbszweigen (Landesdurchschnitt 51,4 %), in der Land- und Forstwirtschaft 22,6 % (Landesdurchschnitt 30,4 %).

Für die Entwicklung der *Industrie* war die Gunst der Verkehrslage sehr maßgebend. Im übrigen basiert sie aber auch auf den vorhandenen nutzbaren Lagerstätten. Von den standortgebundenen Industrien ist neben der Gewinnung von Werksteinen und der Produktion von Ziegeln der Steinkohlenbergbau der älteste. Seine ersten Anfänge liegen mehr als drei Jahrhunderte zurück; heute allerdings ist er im Auslaufen begriffen. Ihm folgte der Kalibergbau, der eine sehr wesentliche Rolle auch hinsichtlich des Exportes spielt; in jüngster Zeit hat u. a. die Gewinnung von Erdöl und Erdgas mehr und mehr an Umfang und Bedeutung gewonnen. In den nördlichen Kreisen liegen daneben beachtliche Betriebe der Torfindustrie, und die Vorkommen von Kalk, Ton, Kies und Sand in vielen Gegenden des Bezirks haben zahlreiche Kalk- und Zementwerke, Ziegeleien und Kalksandsteinwerke entstehen lassen.

Die nichtstandortgebundene Industrie ist sehr mannigfaltig. Neben zum Teil weltbekannten Werken der metall- und der gummiverarbeitenden Industrie, der chemischen und der Textilindustrie gibt es zahlreiche Unternehmen der Elekro-, optischen und feinmechanischen Industrie, der Glas-, der holzverarbeitenden, der Nahrungsmittel-Industrie usw.

Es ist verständlich, daß bei der starken Industrialisierung sich auch der *Handel* im besonderen Maße ausgeweitet hat. Und letzten Endes verdankt auch die *Hannoversche Messe* ihre Entstehung und ihren schnellen Aufstieg außer der Tatkraft ihrer Initiatoren der Verkehrslage Hannovers und der starken Entwicklung von Industrie und Gewerbe.

Die Wunden, die Krieg und Nachkriegszeit dem Volks- und Wirtschaftsleben geschlagen haben, waren äußerst schwer; büßten doch z. B. die Stadt Hannover und ihre Randgemeinden allein mehr als die Hälfte des Wohnungsbestandes ein; dazu traten die schweren Verluste an Produktionsstätten. Das Einströmen von mehr als 300 000 *Vertriebenen und Flüchtlingen* aus dem Osten in den Regierungsbezirk stellte besonders die Verwaltung des Bezirks sowie die Städte und Landkreise vor schwere Aufgaben, an deren Lösungsmöglichkeit mancher damals wohl gezweifelt hat. Wenn der *Aufbau* in der verhältnismäßig kurzen Zeit von 10—15 Jahren bis auf den gegenwärtigen Stand vorangetrieben und damit fast vollendet worden ist, wenn die Landeshauptstadt Hannover sich heute als moderne und repräsentative Großstadt zeigt, wenn das Wirtschaftsleben in allen Teilen des Bezirkes zu beachtlicher Blüte gebracht worden ist, so ist das zum erheblichen Teil der nie verzagenden Tätigkeit aller am Aufbau beteiligten einzelnen Persönlichkeiten, aber auch nicht zum wenigsten der Regierung, den Städten und Landkreisen zu verdanken, die in stetem Einvernehmen und mit der tatkräftigen Unterstützung der Vertretungen der Industrie, des Handels und der Landwirtschaft gearbeitet haben.

Mit dem Wiederaufbau aber sind die Probleme, deren Lösung Staatsverwaltung und kommunaler Selbstverwaltung obliegt, keineswegs erschöpft. Die Entwicklung ist vielmehr im ständigen Fluß und zeitigt immer wieder neue Aufgaben.

So spielen z. B. die Probleme der *Ballungsräume*, im besonderen des Ballungsraumes Hannover, für den Regierungsbezirk eine besondere Rolle. Der Sog der Großstadt, den einzuschränken man zwar bemüht sein muß, der aber immer bis zu einem gewissen Grade anhalten wird, erfordert eine Klärung des Verhältnisses der Großstadt zu ihrem Umland im Sinne einer organischen Raumordnung. Der „Raum Hannover" umfaßt zwar vor allem Teile des Regierungsbezirks Hannover, daneben aber auch Teile der Regierungsbezirke Hildesheim und Lüneburg. Diese beiden Verwaltungsbezirke reichen bis zu 10 km an die Stadtmitte Hannovers heran. Die sich bei diesen geringen Entfernungen ergebenden Spannungen können nur durch großzügige Maßnahmen gelöst werden, wie sie der Entwurf zu einem Gesetz über die Bildung eines „Planungs- und Siedlungsverbandes Großraum Hannover" vorsieht, der demnächst dem Landtag zur Beschlußfassung vorgelegt werden soll.

Auch die Probleme des „*Raumes Bremen*" wirken sich auf die Entwicklung im Regierungsbezirk Hannover aus, wenn auch nicht im gleichen Maße wie der „Raum Hannover".

Den Problemen der Ballungsräume steht der berechtigte Wunsch nach einer *Förderung* bisher *weniger entwickelter Gebiete* gegenüber. Insgesamt ist der Bezirk zwar volkswirtschaftlich ausgewogen. Das darf aber nicht über die Tatsache hinwegtäuschen, daß besonders der Nordteil des Regierungsbezirkes wirtschaftlich noch mehr belebt werden sollte. Er bietet sehr gute Möglichkeiten für die Ansiedlung gewerblicher Betriebe. Ansatzpunkte sind genügend vorhanden. Jede Bestrebung wirtschaftlicher Unternehmen, sich an solchen kleineren Standorten anzusetzen, ist im volkswirtschaftlichen Sinne zu begrüßen und wird von Wirtschaft und Verwaltung jederzeit nachhaltige Unterstützung erwarten können.

Besonders wichtig sind die Belange der *Landwirtschaft*. Zwar sind schon viele Maßnahmen zu ihrer Förderung durchgeführt oder in Angriff genommen worden. So sind z. B. im Zuge der Hunteregulierung, die sich auf insgesamt 47 000 ha erstreckt — davon 30 000 ha im Regierungsbezirk Hannover —, durch die Eindeichung des Dümmer etwa 12 000 ha landwirtschaftlich genutzter Fläche so verbessert worden, daß ihre Erträge gegen früher um ein mehrfaches gesteigert werden konnten. Es bleiben aber noch viele Aufgaben zu lösen, wie etwa Kultivierung in den noch vorhandenen Moor- und Ödlandgebieten, die insgesamt mehr als 500 qkm umfassen, und die Durchführung weiterer *wasserwirtschaftlicher Maßnahmen*, u. a. am Unterlauf der Leine, in der Wesermarsch und zwischen Steinhuder Meer und Weser.

Die landschaftlichen Reize des Bezirkes ermöglichen es auch, den *Fremdenverkehr* weiter zu fördern. Dazu bieten einmal die waldreichen Landschaften des Berglandes im Süden mit den Staatsbädern Bad Pyrmont und Bad Nenndorf dem und idyllisch am Deister gelegenen Bad Münder sehr gute Möglichkeiten. Aber auch das Steinhuder Meer mit seiner Umgebung und der Dümmer locken viele Erholungsuchende an. Die Entwicklung großräumiger Erholungsgebiete in Anlehnung und Erweiterung dieser schon vorhandenen Erholungsstätten ist eine bedeutungsvolle Aufgabe.

Bei der Lösung aller dieser zahlreichen und mannigfaltigen Probleme fällt dem Regierungspräsidenten als einer echten Mittelinstanz die Aufgabe des Mittlers zwischen Landesregierung und Bevölkerung zu. Gerade für die künftige Entwicklung gilt es, stets einen gesunden Ausgleich zwischen Stadt und Land zu finden. Gelingt ein solcher Ausgleich, so können auch für die Zukunft weitere Fortschritte im Sinne einer organischen Fortentwicklung unseres Landes erwartet werden.

Theanolte Bähnisch: „Der Regierungsbezirk Hannover", in: Regierungsbezirk Hannover, Monographien Deutscher Wirtschaftsgebiete Band XVII, Verlag Gerhard Stalling AG, Oldenburg (Oldb) 1959, S. 10 und 12

Schlagwortverzeichnis

Orte im Regierungsbezirk Hannover
Foto-Querschnitt von Matthias Blazek, 2013

Ortseinfahrt von Arnum.

Bredenbeck.

Ehlershausen.

Engensen.

Hiddestorf.

Holtensen.

Linderte.

Oberricklingen.

Ohlendorf.

Otze.

Ramlingen.

Wettmar.

DER VERFASSER

Matthias Blazek

Heimatkundler.

Veröffentlichungen:

Dörfer im Schatten der Müggenburg, 1997.
L'Histoire des Sapeurs-Pompiers de Fontainebleau, 1999.
Ahnsbeck, 2003.
75 Jahre Sportverein Nienhagen von 1928 e.V., 2003.
Dorfgeschichte Wiedenrode, 2004.
Die Geschichte der Bezirksregierung Hannover im Spiegel der Verwaltungsreformen, 2004.
Dorfchronik Nienhof, 2005.
Schillerslage, 2005.
75 Jahre Ortsfeuerwehr Wienhausen, 2005.
Hexenprozesse – Galgenberge – Hinrichtungen – Kriminaljustiz im Fürstentum Lüneburg und im Königreich Hannover, 2006.
Das niedersächsische Bandkompendium 1963-2003, 2006.
Das Löschwesen im Bereich des ehemaligen Fürstentums Lüneburg von den Anfängen bis 1900, 2006.
Das Kurfürstentum Hannover und die Jahre der Fremdherrschaft 1803-1813, 2007.
75 Jahre Niedersächsische Landesfeuerwehrschule Celle 1931-2006, 2007.
Celle – Neu entdeckt, 2007.
Geschichten und Ereignisse um die Celler Neustadt, 2008.
Die Hinrichtungsstätte des Amtes Meinersen, 2008.
Haarmann und Grans – Der Fall, die Beteiligten und die Presseberichterstattung, 2009.
Carl Großmann und Friedrich Schumann – Zwei Serienmörder in den zwanziger Jahren, 2009.
Helmerkamp – unser Dorf, 2009.
Unter dem Hakenkreuz: Die deutschen Feuerwehren 1933-1945, 2009.
Wathlingen – Geschichte eines niedersächsischen Dorfes, Band 3, 2009.
100 Jahre Musikzug der Freiwilligen Feuerwehr Eldingen 1910-2010, 2010.
Scharfrichter in Preußen und im Deutschen Reich 1866-1945, 2010.
Die Geschichte des Feuerwehrwesens im Landkreis Celle, 2010.
Im Schatten des Klosters Wienhausen – Dörfliche Entstehung und Entwicklung im Flotwedel, ausgeführt und erläutert am Beispiel der Ortschaften Bockelskamp und Flackenhorst, 2010.
Die Geschichte der Grund- und Hauptschule Neustadt 1885-2010, 2010.
40 Jahre Kindergarten in Großmoor, 2010.
Die Anfänge des Celler Landgestüts und des Celler Zuchthauses sowie weiterer Einrichtungen im Kurfürstentum und Königreich Hannover 1692-1866, 2011.
Die Grafschaft Schaumburg 1647-1977, 2011.
Die Brüder Wilhelm und Friedrich Reindel – Scharfrichter im Dienste des Norddeutschen Bundes und Seiner Majestät 1843-1898, 2011.
Westpreußen – Das Land an der unteren Weichsel, 2012.
Die Schlacht bei Trautenau 1866, 2012.
Die Geschichte des Hamburger Sportvereins von 1887, 2012.
Seeräuberei, Mord und Sühne, 2012.
Die geheime Großbaustelle in der Heide – Faßberg und sein Fliegerhorst 1933-2013, 2013.
The Mamas and The Papas – Flower-Power-Ikonen, Psychedelika und sexuelle Revolution, 2014.
Die Jagd auf den Wolf – Isegrims schweres Schicksal in Deutschland. Beiträge zur Jagdgeschichte des 18. und 19. Jahrhunderts, 2014.
Großmoor, 2014.

Zahlreiche weitere Aufsätze und Quellenveröffentlichungen zur niedersächsischen Landesgeschichte.

ibidem
Verlag

Matthias Blazek

Ein dunkles Kapitel der deutschen Geschichte: Hexenprozesse, Galgenberge, Hinrichtungen, Kriminaljustiz

Im Fürstentum Lüneburg und im Königreich Hannover

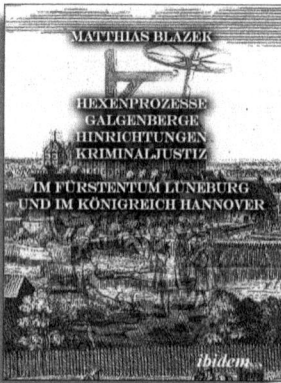

ISBN 978-3-89821-587-9
324 Seiten, mit zahlr. Abb. Paperback.
€ 29,90

Realität, Heimatgeschichte und Spannung in einem: Matthias Blazek fesselt den Leser mit seinem neuen Werk "Hexenprozesse, Galgenberge, Hinrichtungen, Kriminaljustiz im Fürstentum Lüneburg und im Königreich Hannover". Auf 320 Seiten hat der Chronist und Heimatkundler aus Adelheidsdorf die Ergebnisse seiner umfangreichen Recherchen in den niedersächsischen Archiven zu Papier gebracht. Zahlreiche Einzelschicksale aus den Orten um Celle, Uelzen, Lüneburg, Burgdorf, Lüchow und Dannenberg hat er in dieser umfangreichen Sammlung zusammengetragen. Lücken in den Dorfchroniken werden geschlossen, wenn die Kriminalverbrechen angesprochen werden. Zu guter Letzt erfährt der Fall des Nickel List eine völlig neue Bewertung durch die Zuziehung weitgehend unberücksichtigter Quellen.

Ein Muss für den geschichtsbewussten Leser.

Bestellen Sie per Fax: 0511 26 222 01 | telefonisch: 0511 26 222 00 | online: www.ibidem-verlag.de
in Ihrer Buchhandlung

ibidem
Verlag

Matthias Blazek

Die Geschichte des Hamburger Sportvereins von 1887

125 Jahre im Leben eines der populärsten Fußballvereine

Mit einem besonderen Blick auf die Vorgängervereine,
die Frühzeit des Hamburger Ballsports und das Fusionsjahr 1919

ISBN 978-3-8382-0387-4
140 Seiten, Paperback. € 18,90

2012 - 125 Jahre Hamburger Sportverein!

Beginnend mit der Gründung des SC Germania 1887, der fußballerischen Keimzelle des Hamburger Sportvereins, folgt Matthias Blazek in seiner kompakten und flüssig lesbar geschriebenen HSV-Vereinsgeschichte chronologisch den Ereignissen – und versäumt es nicht, dem Leser en passant zahlreiche amüsante Anekdoten und erstaunliche Details aus der Frühzeit des deutschen Fußballs zu berichten. Immer wieder zeigt Blazek zudem auf, dass die Sportgeschichte immer auch als Teil der gesamthistorischen Entwicklung im 20. Jahrhundert zu betrachten ist. Wie kein Zweiter vermag Matthias Blazek Geschichte für jedermann erlebbar zu machen und den Leser in seinen Bann zu schlagen. Plastisch und spannend schildert er deutsche Sportgeschichte, flankiert von zahlreichen, bislang weitgehend unveröffentlichten historischen Fotos, Illustrationen und Faksimiles, und legt so ein Buch vor, das sich an jeden wendet, der an deutscher Fußballgeschichte interessiert ist.

Großes Kino! Ein Standardwerk für jeden HSV-Fan.

Denis Herold

Bestellen Sie per Fax: 0511 26 222 01 | telefonisch: 0511 26 222 00 | online: www.ibidem-verlag.de
in Ihrer Buchhandlung

ibidem
Verlag

Matthias Blazek

Das Kurfürstentum Hannover
und die Jahre der Fremdherrschaft 1803-1813

ISBN 978-3-89821-777-4
152 Seiten, Paperback. € 14,90

Die französische Fremdherrschaft, die "Franzosenzeit" der Jahre 1803 bis 1813, war die Zeit, in welcher der französische Kaiser Napoleon I. Niedersachsen in sein Kaiserreich einverleibte und für seinen jüngsten Bruder, Jérôme Bonaparte, ein neues Königreich, das Königreich Westfalen, schuf.

Es war die Zeit, in der der westliche Nachbar dem Hannoverland seinen Stempel aufdrückte, der gewiss in einigen Bereichen gute Einflüsse ausgeübt hat. Es war allerdings auch die Zeit, in der das hannoversche Volk für den verlustreichen Feldzug nach Moskau rekrutiert wurde, jenes schlimme Szenario, dem weit über die Hälfte der Teilnehmer aus Kurhannover zum Opfer fielen.

"[Ein] ansprechend gestaltete[r] Band, der besonders der Jugend nahe zu legen ist, die berufen sein wird, den erreichten Frieden in Europa auch künftig zu sichern und endgültig zu festigen."

Zeitschrift für Niederdeutsche Familienkunde,

Heft 3/2007

"Wiederum liegt ein interessantes Nachschlagewerk für Chronisten, Heimatkundler, historisch Interessierte und Freunde der französischen Kultur vor."

Wathlinger Echo, 15.05.2007

Bestellen Sie per Fax: 0511 26 222 01 | telefonisch: 0511 26 222 00 | online: www.ibidem-verlag.de
in Ihrer Buchhandlung

Matthias Blazek

"Herr Staatsanwalt, das Urteil ist vollstreckt."
Die Brüder Wilhelm und Friedrich Reindel

Scharfrichter im Dienste des Norddeutschen Bundes und Seiner Majestät 1843–1898

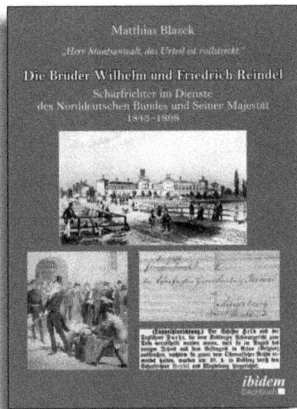

ISBN 978-3-8382-0277-8
166 Seiten, Paperback. € 18,90

Matthias Blazek legt mit diesem Buch die erste ausführliche Lebensbeschreibung der beiden Scharfrichterbrüder Wilhelm und Friedrich Reindel vor. Dass es die erste derartige Aufarbeitung ist, zeigt wiederum, wie wenig sich die Geschichtswissenschaft bislang diesem Bereich gewidmet hat, obwohl Scharfrichter sehr wohl im besonderen öffentlichen Augenmerk ihrer Zeitgenossen standen – je öfter sie tätig wurden, desto bekannter waren sie auch.

So zählte Friedrich Reindel (1824–1908), Patenkind des Preußenkönigs Friedrich Wilhelm I., zu den bekanntesten Scharfrichtern Deutschlands und wurde gar mit dem Spitznamen "Vater Reindel" belegt – was wohl auch dem Umstand geschuldet ist, dass er noch bis ins hohe Alter als Scharfrichter mit dem Handbeil Enthauptungen vornahm. In den letzten Jahrzehnten des 19. Jahrhunderts wurden fast alle Todesurteile im norddeutschen Raum durch ihn vollstreckt.

Während Friedrich Reindel von 1874 bis 1898 seines grausigen Amtes waltete, war vor ihm sein älterer Bruder Wilhelm Reindel (1813–1872) der Hauptakteur der Jahre 1852 bis 1870. Er war gemeint, wenn vom "Scharfrichter des norddeutschen Bundes" oder dem "Scharfrichter aus Werben in der Altmark" die Rede war. Sein jüngerer Bruder assistierte ihm dabei bereits bei 40 Hinrichtungen.

Bestellen Sie per Fax: 0511 26 222 01 | telefonisch: 0511 26 222 00 | online: www.ibidem-verlag.de
in Ihrer Buchhandlung

***ibidem*-Verlag**

Melchiorstr. 15

D-70439 Stuttgart

info@ibidem-verlag.de

www.ibidem-verlag.de
www.ibidem.eu
www.edition-noema.de
www.autorenbetreuung.de